초등학교부터 시작하는 논술

오디세이

2 단계

머리말

오디세이는 미국 하버드대학 교수들이 중심이 되어 개발한 세계적인 사고력 개발 프로그램입니다. 어린이철학교육연구소는 지금으로부터 8년 전 이 프로그램을 번역하여 한길사를 통해 펴낸 바 있습니다. 그 후 이 프로그램은 전국의 학부모, 교사들로부터 아낌없는 칭송을 받아 왔습니다. 그러나 이 프로그램의 놀라운 성과와는 별도로 한 가지 해결해야 할 문제가 있었는데, 이는 난이도에 따라 단계적으로 구성되지 않았다는 점입니다. 그동안 이 프로그램은 주로 초등학생들이 널리 사용해 왔는데, 이때 부딪히는 문제가 바로 그런 문제였던 것입니다. "오디세이 프로그램은 몇 학년부터 이용해야 좋은가? 저학년도 할 수 있을 것 같아 사서 해 보니 갑자기 너무 어려워 도중에 그만두고 말았다." 등등 주로 단계별 난이도에 관한 문의가 많았습니다. 이에 우리 연구소 연구팀은 이 프로그램을 현장에 투입해 본 실전 경험을 살려, 기초가 되는 1단계부터 시작해서 6단계까지 모두 6권의 책으로 이를 재구성해 다시 펴내게 된 것입니다. 이제는 초등학교 1학년부터 6학년까지 누구나 1단계부터 시작하여 차례차례 가능한 단계까지 이 프로그램에 도전할 수 있게 된 것입니다.

〈오디세이〉의 주인공 오디세우스가 온갖 어려움을 극복하고 마침내 꿈에 그리던 고향집으로 돌아갔듯이, 이 책을 공부하는 학생들도 〈오디세이〉의 생각모험을 통해 고차적 사고력을 얻고 뜻했던 곳으로 나아갈 것을 믿습니다. 이 책은 지난 몇 년간 어린이철학교육연구소에서 공부하는 1학년부터 6학년까지의 어린이들이 실제로 〈오디세이〉 프로그램에 도전하면서 보여 준 놀라운 성취와 함께 그들이 만났던 어려움과 시행착오를 밑거름으로 삼아 심규장 박사가 이를 종합·정리하여 다시 만들었습니다.

처음 〈오디세이〉 프로그램을 함께 연구하고 번역할 때 노력을 아끼지 않은 전영삼, 남철우, 서규선, 임근용, 위향숙, 손재원, 김상준 선생님들의 노고를 잊을 수 없으며, 이번에 새로 책을 만들면서 주도적인 노력을 한 심규장 박사께 깊은 감사를 드립니다. 또한 보다 좋은 책이 될 수 있도록 정성을 다한 소년한길 편집부에도 감사를 드립니다.

2002년 11월 19일
어린이철학교육연구소 소장 박민규

2단계에서 배울 내용

1단계에 이어 〈오디세이〉 프로그램 전체에 필수적인 개념과 원리를 계속해서 학습하도록 구성되어 있습니다. 앞에서 배운 분류에 대한 심화 학습을 하고 논리적 추론의 기초를 공부하게 됩니다.

분류한 것을 또 분류하기

위계적 분류 방법은 집합들이 더 큰 집합에 속하기도 하고, 더 작은 집합들로 나뉘기도 하기 때문에 1단계에서 배운 분류 방법보다 더 고차적이고 유용한 구조를 가지고 있습니다. 위계적 분류표를 스무고개 놀이에 이용해 봄으로써 사물들을 효율적으로 분류하는 방법을 터득하게 됩니다.

유비추론

주어진 문제들을 해결해 나가는 동안에 자연스럽게 유비추론의 구조와 논리를 터득할 수 있도록 구성되어 있습니다. 유비추론은 사물들이 서로 어떻게 관계를 맺는지 비교하는 추론 방법으로서, 매우 중요한 사고 기능이라고 할 수 있습니다.

공간적 추론의 원리

여기서는 옛날 중국에서 사용한 칠교놀이라는 지혜모양판 놀이를 통해 공간적 추론 방법을 배웁니다. 지혜모양판으로 여러 가지 모양들을 맞추어 가는 과정을 통해 공간적 추론의 원리와 방법을 익히게 될 것입니다.

차례

머리말 · 2
2단계에서 배울 내용 · 3

Ⅰ. 분류하기

1. 분류한 것을 또 분류하기
첫 번째 생각여행 집합이란 무엇인가 · 8
두 번째 생각여행 차원에 따라 분류하기 · 10
세 번째 생각여행 여러 차원에서 분류하기 · 13
생각연습 · 15

2. 체계 있게 분류하기
첫 번째 생각여행 책 제목 분류하기 · 16
두 번째 생각여행 책 내용 분류하기 · 20
생각연습 · 22

3. 스무고개 놀이
첫 번째 생각여행 숫자 알아맞히기 놀이 · 24
두 번째 생각여행 분류표로 숫자 알아맞히기 · 25
세 번째 생각여행 분류표로 이름 알아맞히기 · 27
생각연습 · 29

Ⅱ. 추리하기

4. 유비추론
첫 번째 생각여행 유비추론이란 무엇인가 · 32
두 번째 생각여행 유비추론 문제 풀기 · 33
생각연습 · 36

5. 요소들 사이의 관계
첫 번째 생각여행 유비 관계의 구조 · 40
두 번째 생각여행 유비 문제의 해결 방법 · 43
생각연습 · 45

6. 집단 유비추론
- 첫 번째 생각여행　3단 유비추론 · 50
- 두 번째 생각여행　쌍방적 3단 유비추론 · 52
- 생각연습 · 55

7. 유비추론 완성하기
- 첫 번째 생각여행　생략된 도형 추론하기 · 60
- 두 번째 생각여행　유비의 표준 형식 · 61
- 생각연습 · 62

Ⅲ. 그림 퍼즐을 통한 추리

8. 지혜모양판 만들기
- 첫 번째 생각여행　지혜모양판이란 무엇인가 · 66
- 두 번째 생각여행　같은 조각으로 여러 가지 모양 만들기 · 69
- 생각연습 · 70

9. 지혜모양판 놀이
- 첫 번째 생각여행　모양판을 모두 사용하여 모양 만들기 · 72
- 두 번째 생각여행　〈방법 2〉의 적용 · 74
- 세 번째 생각여행　〈방법 3〉의 적용 · 74
- 생각연습 · 76

10. 모양 만들기 연습
- 첫 번째 생각여행　여러 가지 모양 만들기 · 78
- 두 번째 생각여행　〈방법 4〉의 적용 · 80
- 생각연습 · 83

종합연습 · 92

2단계 평가문제 · 98

해답 및 학습지도안 · 110

I. 분류하기

1 분류한 것을 또 분류하기

▶▶▶ 오늘 생각할 내용

1. 주어진 사물들을 어떤 차원에서 분류할 수 있을까?
2. 한번 분류한 것을 또 분류하려면 어떻게 해야 할까?

 **첫 번째 생각여행** 집합이란 무엇인가

1-1 여러분은 '집합'이라는 말을 알고 있나요?

1) '집합'이란 무엇인가요?

　① _____
　② _____
　③ _____

2) 다음 중 '집합'이라고 할 수 없는 것은 무엇인가요?

> 자동차의 집합, 서울의 집합, 강아지의 집합
> 화가 피카소의 집합, 축구선수의 집합, 방송국의 집합

1-2 '신발의 집합'에 대해서 생각해 봅시다.

1) '신발의 집합'에 들어갈 수 있는 것들을 아는 대로 적어 보세요.
   {   }

2) '신발의 집합'의 공통된 특징을 말해 봅시다.

1-3 '공의 집합'에 대해서 생각해 봅시다.

 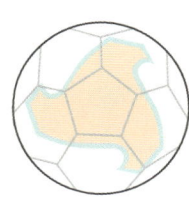  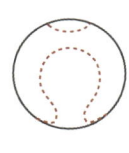

1) '공의 집합'에 포함될 수 있는 것들을 적어 보세요.
   {   }

2) '공의 집합'의 공통된 특징을 말해 봅시다.

두 번째 생각여행: 차원에 따라 분류하기

2-1 옆 페이지에 있는 도형 그림을 점선을 따라 가위로 오려 보세요. 모두 16장의 그림 카드가 만들어지게 됩니다. 각 카드에 그려진 도형들의 비슷한 점과 다른 점을 찾아보고 분류해 봅시다.

1) 이 도형들을 어떤 차원에서 분류할 수 있을까요?

테두리 모양, _____, _____, _____

2) 이 도형들을 위의 차원에 따라서 분류하면, 각각 두 개의 집합으로 분류됩니다. 다음 표를 완성해 보세요.

①

차원	집합 1	집합 2
테두리 모양		

②

차원	집합 3	집합 4

③

차원	집합 5	집합 6

④

차원	집합 7	집합 8

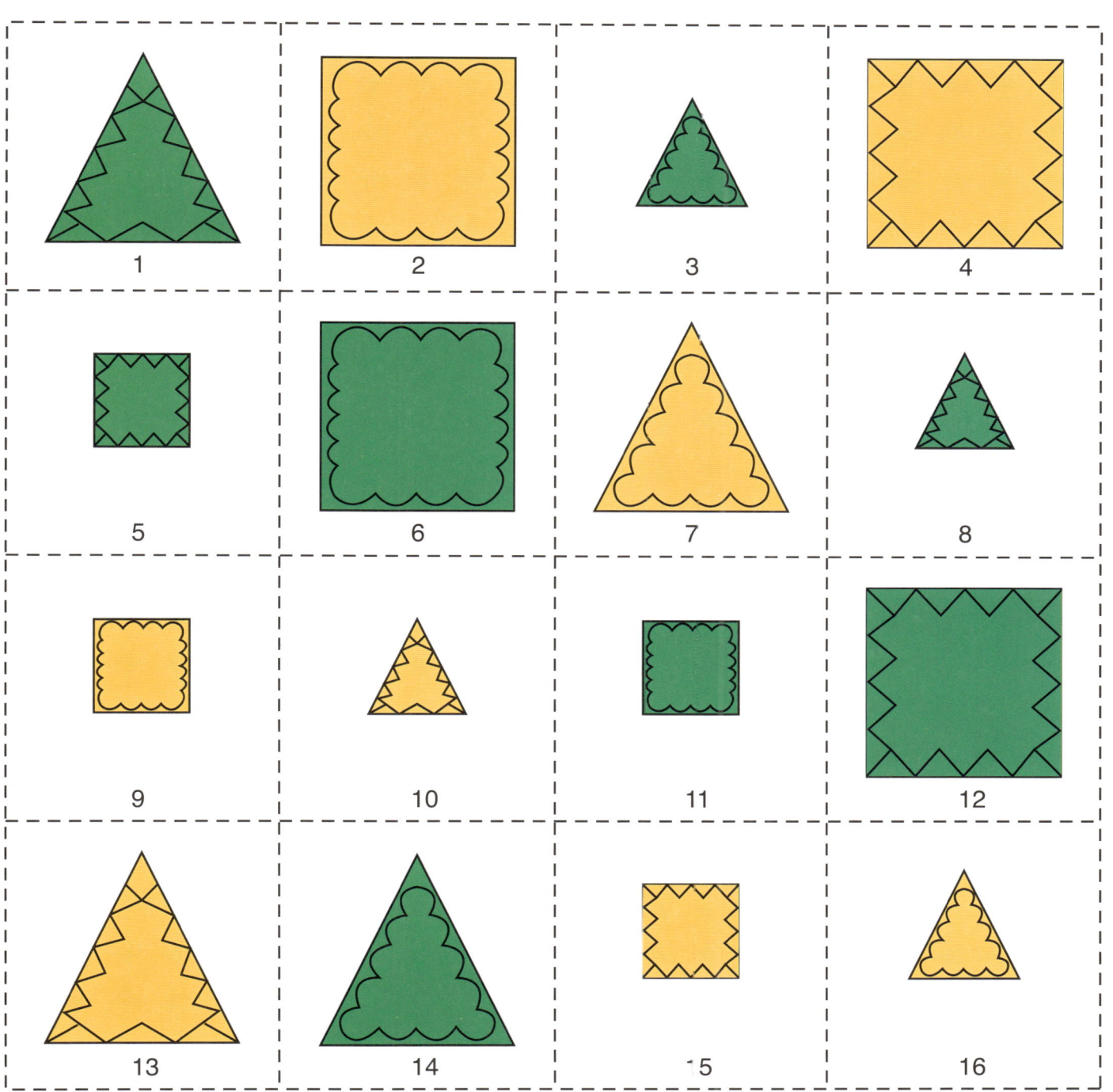

세 번째 생각여행 여러 차원에서 분류하기

3-1 집합 안에서 또 다른 집합들을 분류해 봅시다.

1) 앞에서 가위로 오린 도형들을 '테두리 모양'에 따라서 두 집합으로 분류하세요.

① 집합 1:(   ) 모양 (   )개
② 집합 2:(   ) 모양 (   )개

2) 〈집합 1〉을 '색깔' 차원에서 다시 분류해 보세요.

(   ) 모양

(   )색 (   )개:(   )색 (   )개

3) 위에서 나눈 색깔 집합들을 '크기'(크다/작다)의 차원에서 분류하고, 그 집합을 '속무늬'(톱니/가리비)의 차원에서 다시 분류해 보세요.

테두리 모양   (삼각형)

색깔   (   )   (   )

크기   (   ) (   )   (   ) (   )

속무늬 ( )( ) ( )( )   ( )( ) ( )( )
        ①   ②   ③   ④   ⑤   ⑥   ⑦   ⑧

1. 분류한 것을 또 분류하기 13

4) '테두리 모양' 차원의 나머지 다른 집합도 아래와 같이 분류해 보세요.

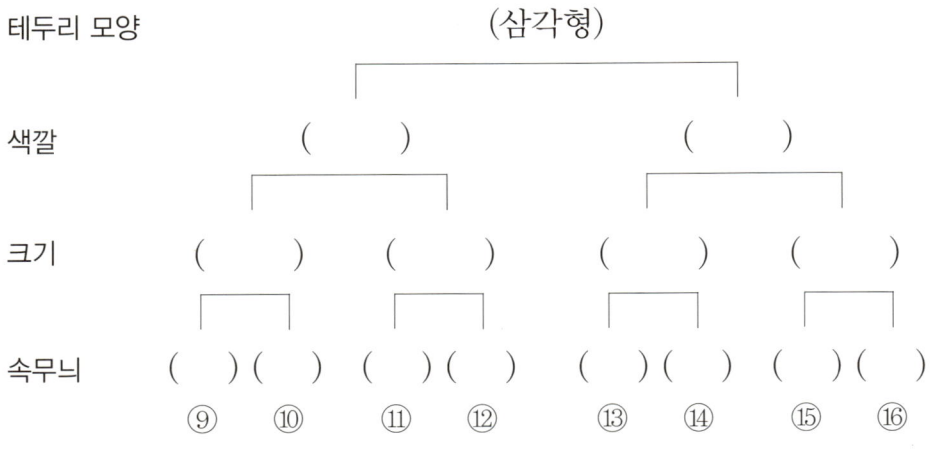

3-2 앞에서 만든 분류표를 다시 살펴보고 생각해 봅시다.

1) 사각형 집합의 분류표에서 맨 밑줄 첫 번째 있는 도형(⑨번 도형)은 어떤 모양의 도형인가요?

2) 사각형 집합의 분류표에서 ⑯번 도형은 어떤 모양의 도형인가요?

3) 정사각형 집합 분류표와 삼각형 집합 분류표의 순서대로 ①번 도형부터 ⑯번 도형까지 차례대로 찾아서 책상 위에 늘어놓아 보세요.

4-1 민수는 청바지에 티셔츠, 모자, 운동화를 여러가지 방식으로 갖추어 입으려고 합니다. 다음 분류표를 보고 물음에 답해 보세요.

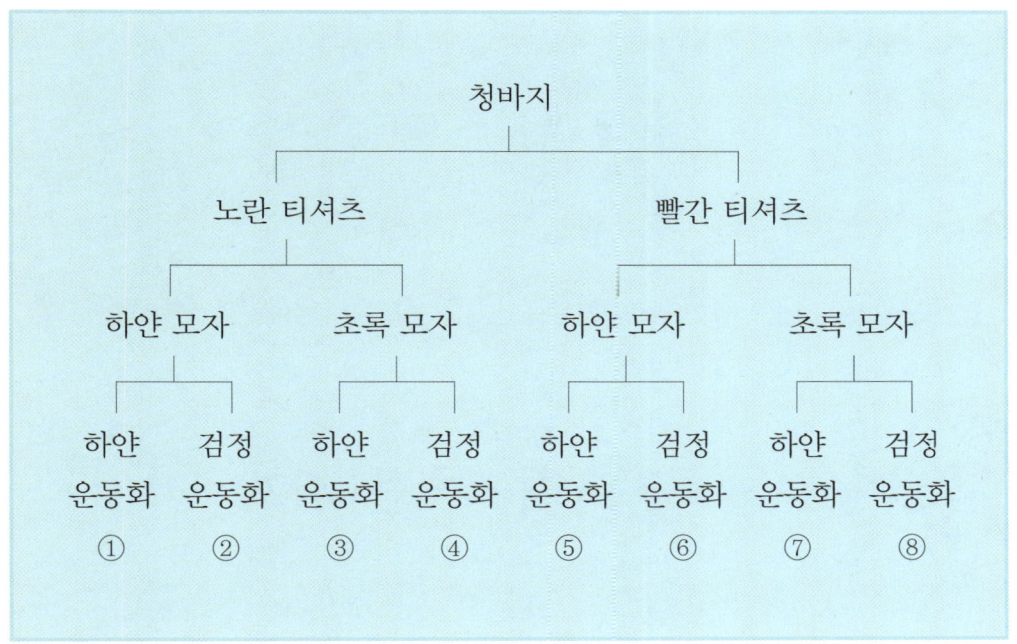

1) 이 분류표에서 맨 밑줄 첫 번째(①)와 같이 복장을 갖춘다면 어떤 모습이 되나요?
(   )

2) 이 분류표에서 맨 마지막(⑧)과 같이 복장을 갖춘다면 어떤 모습이 되나요?
(   )

2 체계 있게 분류하기

▶▶▶ 오늘 생각할 내용

1. 분류한 것을 또 분류하려면 어떻게 할까?
2. 분류한 것을 또 분류하여 여러 가지 문제를 해결해 본다.

 첫 번 째 생 각 여 행 책 제목 분류하기

1-1 오른쪽 표는 동물과 식물에 관한 내용을 다룬 책 제목을 모아 놓은 것입니다. 가위로 점선을 따라서 오리세요.

1) 오린 제목들을 두 개의 큰 집합으로 분류하면, 집합의 이름은 무엇이며 각각의 집합에 속하는 원소들은 무엇일까요? (집합의 원소는 번호를 적어 넣으세요.)

① 집합 1 _____ , {   }

② 집합 2 _____ , {   }

1. 물속에 사는 곤충

2. 계절에 따라 옮겨 다니는 새

3. 들이나 산에 사는 풀꽃

4. 한곳에 머물며 사는 새

5. 물속에 사는 풀꽃

6. 숲 속에 사는 곤충

7. 강이나 호수에 사는 물고기(민물고기)

8. 바다에 사는 물고기

9. 뿌리나 잎을 먹는 채소

10. 잎이 넓적한 나무(활엽수)

11. 열매를 먹는 채소

12. 잎이 뾰족한 나무(침엽수)

2) 〈집합 1〉과 〈집합 2〉를 각각 다시 세 개의 작은 집합으로 분류해 보세요.

〈집합 1〉　① 〈집합 1-1〉 _____ , { 　　　　　　　　　　 }

　　　　　② 〈집합 1-2〉 _____ , { 　　　　　　　　　　 }

　　　　　③ 〈집합 1-3〉 _____ , { 　　　　　　　　　　 }

〈집합 2〉　④ 〈집합 2-1〉 _____ , { 　　　　　　　　　　 }

　　　　　⑤ 〈집합 2-2〉 _____ , { 　　　　　　　　　　 }

　　　　　⑥ 〈집합 2-3〉 _____ , { 　　　　　　　　　　 }

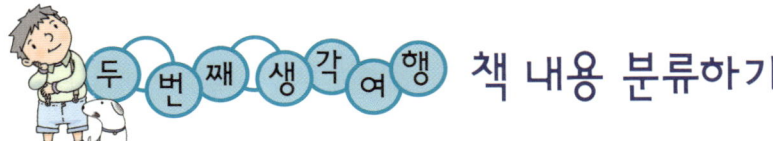 **책 내용 분류하기**

2-1 다음에 있는 목록들은 어떤 책에 들어 있는 큰 단원의 이름과 작은 단원의 이름들입니다.

1. 비행기	8. 오토바이
2. 고속버스	9. 하늘로 다니는 것
3. 기차	10. 우주선
4. 보트	11. 여객선
5. 헬리콥터	12. 물 위를 다니는 것
6. 승용차	13. 나룻배
7. 땅 위를 다니는 것	

1) 이 책의 제목은 무엇이겠습니까?

2) 큰 단원을 찾아내고, 그것에 속할 수 있는 작은 단원들을 찾아서 다음 표를 완성해 봅시다. (번호를 적어 넣으세요.)

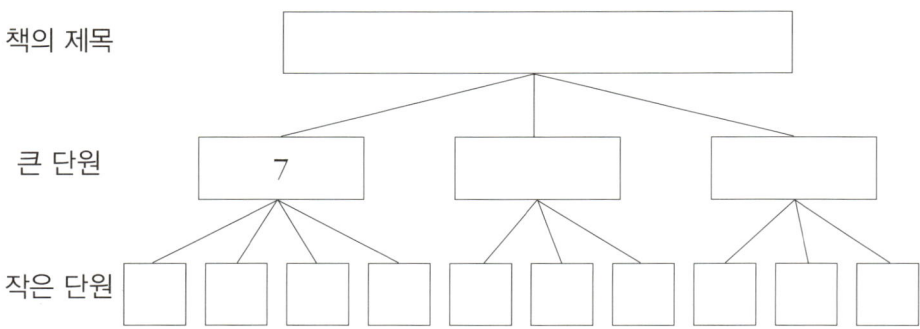

2-2 다음 글을 읽고 김 씨 아저씨는 어떻게 해야 할지 생각해 봅시다.

> 김 씨 아저씨는 농부입니다. 지난해에 감자 농사를 지었는데, 감자가 썩는 병에 걸려서 손해를 많이 보았습니다. 김 씨 아저씨는 농사에 관한 책에서 감자가 썩는 병을 막으려면 땅에다 황을 주어야 한다는 것을 알았습니다. 그러나 김 씨 아저씨는 황을 언제, 얼만큼 땅에 뿌려 주어야 하는지 알 수 없었습니다. 책에 자세히 나와 있지 않았기 때문입니다.
>
> 그래서 김 씨 아저씨는 감자 농사를 지을 땅의 절반은 봄에, 나머지 절반은 가을에 황을 뿌렸습니다. 또 각각의 땅을 3등분해서 황을 5kg, 10kg, 15kg씩 뿌렸습니다.
>
> 그랬더니 그 결과가 다음과 같이 나왔습니다.
>
>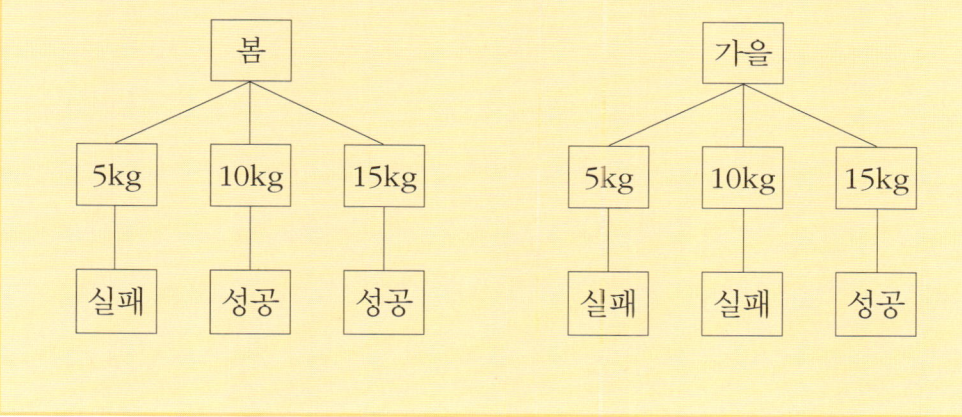

1) 여러분이 만약 김 씨라면, 어느 계절에 얼마만큼 황을 뿌리겠습니까?

___

2) 그 이유는 무엇입니까?

___

3-1 다음 이야기를 읽고, 문제를 해결해 봅시다.

> 홍길동 씨에게는 16명의 아이가 있습니다. 어느 날 저녁, 홍길동 씨는 이 아이들을 모두 데리고 햄버거 식당으로 갔습니다. 햄버거를 하나씩 사 주기 위해서였습니다. 주문을 받기 위해서 종업원이 다가왔습니다. 홍길동 씨는 종업원에게 이렇게 말했습니다.
>
> "이 아이들 모두에게 햄버거를 하나씩 주기 바랍니다. 그런데, 이 아이들은 모두 조금씩 다른 햄버거를 먹고 싶어합니다. 16명의 절반은 양배추가 들어간 것을 좋아하고, 절반은 매우 싫어합니다. 또 절반은 케첩을 좋아하고, 절반은 케첩을 아주 싫어합니다. 절반은 양파를 매우 좋아하고, 절반은 아주 싫어합니다. 절반은 소스를 무척 좋아하고, 절반은 아주 싫어합니다."
>
> 햄버거 식당 종업원은 홍길동 씨의 말을 듣고, 어떤 방식으로 햄버거를 만들어 주어야 할지 몰라 어리둥절해하면서 주방으로 향했습니다.

1) 햄버거 식당에서는 어떤 방식으로 햄버거를 만들어 주어야 할까요? 앞에서 배운 분류 방법을 잘 활용해서 문제를 해결해 보세요.

3-2 다음 이야기를 읽고, 문제를 해결해 봅시다.

> 민수 할아버지께서는 애견 농장을 하십니다. 지금 키우고 계시는 강아지의 수는 모두 16마리인데, 그중에서 절반이 암컷이고, 절반이 수컷입니다. 각각의 절반은 귀가 길고, 절반은 짧습니다. 그 각각의 절반은 꼬리가 길고, 절반은 짧습니다. 또한 그 각각의 절반은 털이 길고, 절반은 짧습니다. 할아버지는 매일 다른 종류의 강아지를 선택해서 산책을 시켜 주려고 하십니다.

1) 민수 할아버지가 기르는 강아지의 종류를 알기 쉽게 분류표로 만들어 보세요. (분류표를 만들고 나서 맨 아래에 ①~⑯까지 번호를 매기세요.)

2) 위에서 만든 분류표의 맨 아래에서 첫 번째 강아지의 모습을 그림으로 나타내어 보세요.

스무고개 놀이

▶▶▶ **오늘 생각할 내용**

1. 어떻게 하면 숫자 알아맞히기 놀이에서 가장 빨리 맞출 수 있을까?
2. 스무고개 문제를 쉽게 해결하려면 어떻게 해야 할까?

 숫자 알아맞히기 놀이

1-1 1부터 16까지 숫자 알아맞히기 놀이를 해 봅시다.

놀이 방법

① 한 사람을 술래로 정한다.
② 술래는 1부터 16사이의 숫자 하나를 생각해서 안 보이게 적어 놓는다.
③ 나머지 사람들은 질문을 해서 술래가 생각하고 있는 숫자를 알아맞혀 나간다.
④ 술래는 '예'나 '아니요'라고만 말할 수 있다.

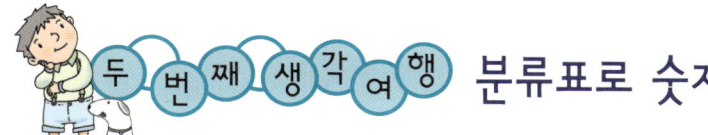 분류표로 숫자 알아맞히기

2-1 이번에는 1부터 16까지의 숫자 알아맞히기 놀이를 분류표를 이용해서 하는 방법을 생각해 봅시다.

1) 아래에 있는 숫자 분류표를 보면서 놀이를 해 봅시다.

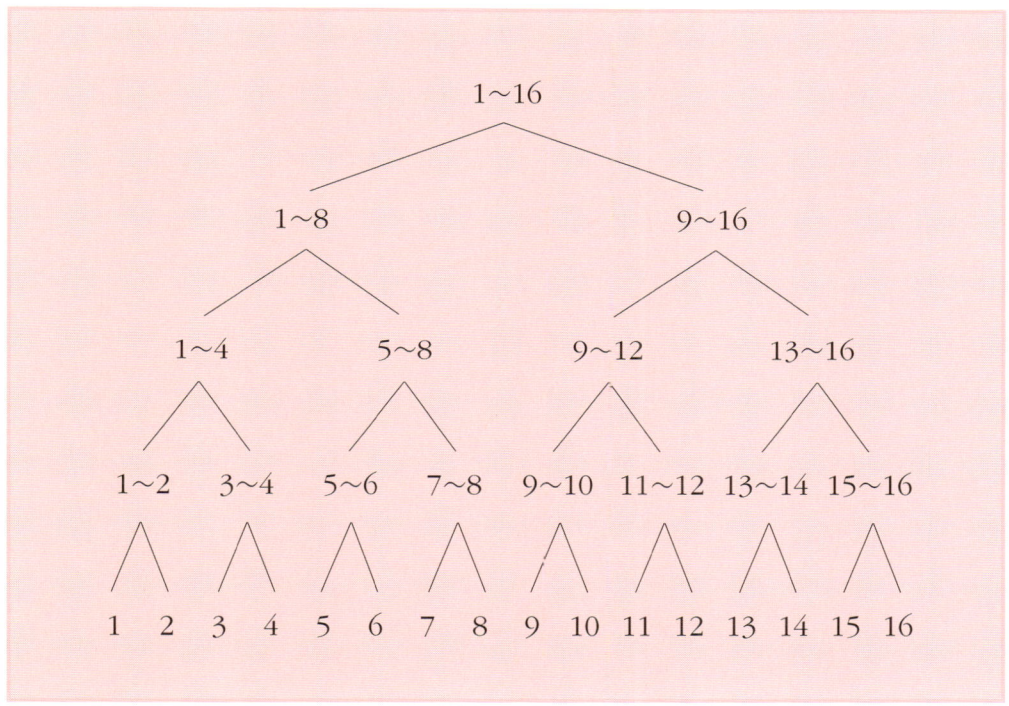

2) 확실하게 답을 알아맞히려면 최소한 몇 번의 질문을 해야 할까요?

3. 스무고개 놀이 25

2-2

이번에는 1부터 32까지 숫자 알아맞히기 놀이를 분류표를 이용해서 하는 방법을 생각해 봅시다.

1) 먼저 1부터 32의 숫자를 가지고 분류표를 만들어 보세요.

2) 확실하게 답을 알아맞히려면 최소한 몇 번의 질문을 해야 할까요?

세 번째 생각여행 분류표로 이름 알아맞히기

3-1 다음은 운동 경기들을 분류해 놓은 것입니다.

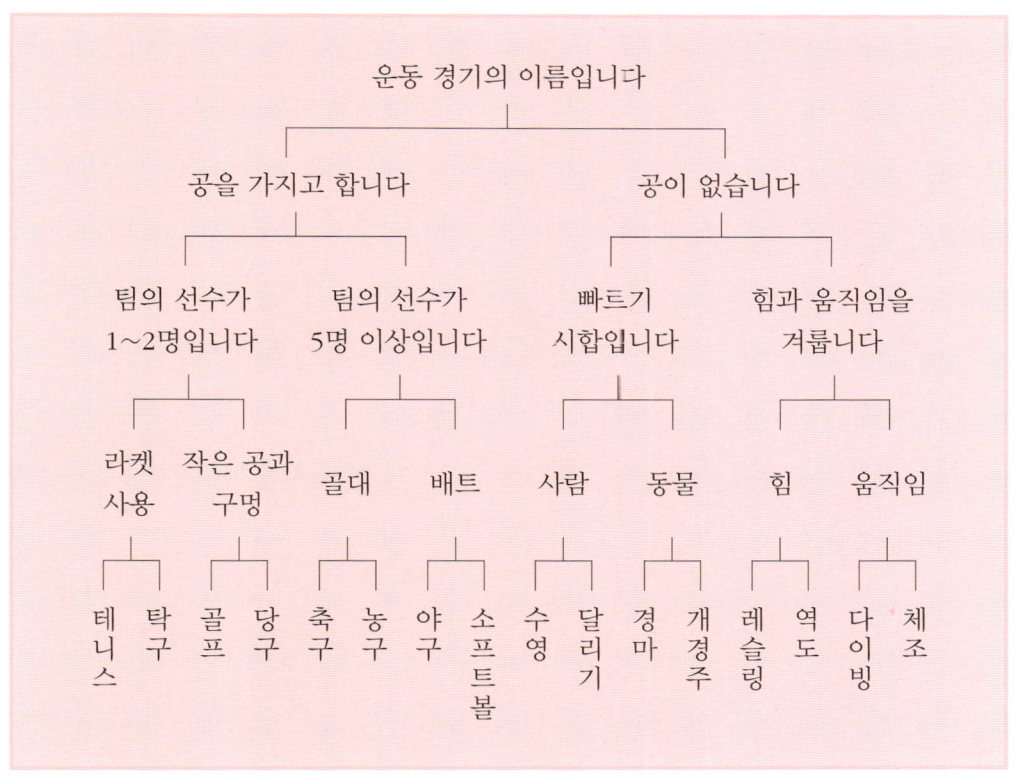

1) 이것을 가지고 알아맞히기 놀이를 해 봅시다.

2) 확실하게 답을 알아맞히려면 최소한 몇 번의 질문을 해야 하나요?

3-2 다음에 주어지는 것들을 가지고 알아맞히기 놀이를 하려고 합니다.

동물	매, 독수리, 닭, 오리
	사자, 표범, 개, 고양이
식물	소나무, 향나무, 사과나무, 배나무
	나팔꽃, 코스모스, 상추, 배추

1) 먼저 분류표를 만들어 볼까요?

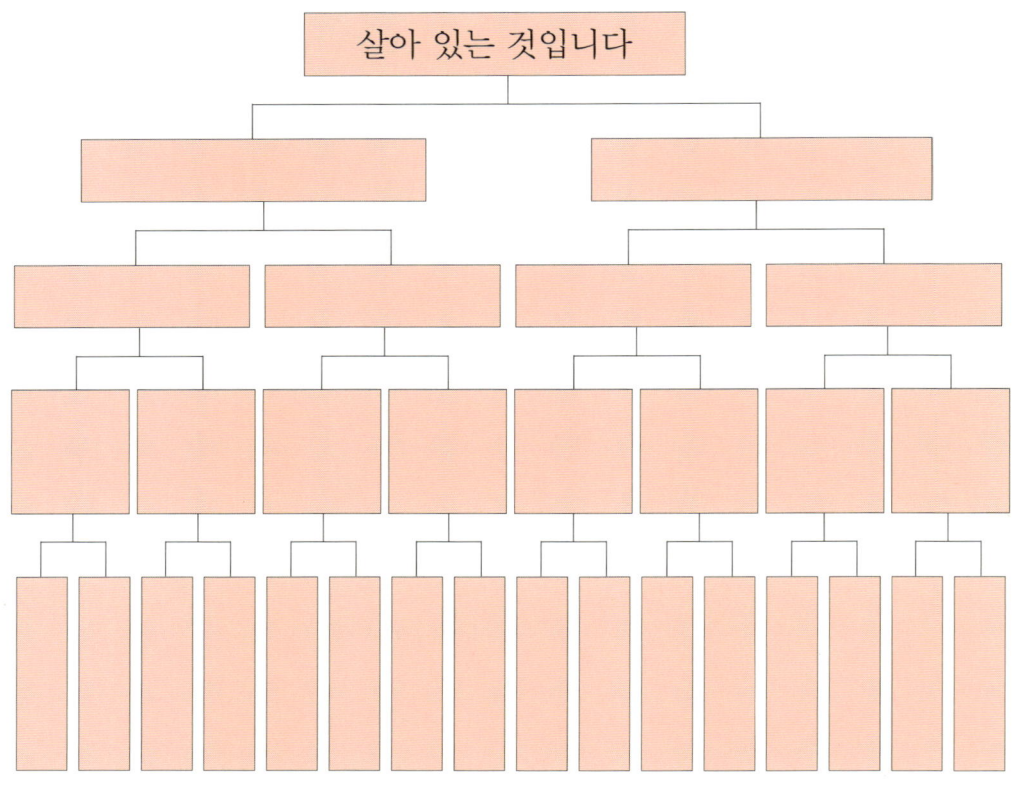

2) 분류표를 다 만들었으면, 술래를 정하고 알아맞히기 놀이를 해 봅시다.

4-1 1부터 64까지의 숫자를 가지고 분류표를 만들어 보세요.

4-2 앞에서 만든 분류표를 가지고 스무고개 놀이를 해 봅시다. 방법은 앞에서 했던 알아맞히기 놀이와 비슷합니다.

스무고개 놀이 방법

① 한 사람을 술래로 정한다.
② 술래는 어떤 사람이나 사물/생물을 한 가지 생각한다. (종이나 칠판에 안 보이게 적어 두어도 좋다.)
③ 나머지 사람들은 돌아가면서 질문을 해서 그것이 무엇인지 알아맞혀 나간다.
④ 질문을 스무 번 하기 전에 알아맞혀야 한다.
⑤ 술래는 '예'나 '아니요'라고만 말할 수 있다.

'예'나 '아니요'라고 대답할 수 있는 질문의 예

① "살아 있는 것인가요?"
② "동물인가요?"
③ "학교 안에서 볼 수 있나요?"
④ "남자인가요?"
⑤ "물속에서 살 수 있나요?"
⑥ "사람이 먹을 수 있나요?"

Ⅱ. 추리하기

4 유비추론

▶▶▶ 오늘 생각할 내용

유비추론이란 무엇인가?

 유비추론이란 무엇인가

1-1 다음의 두 관계는 어떤 차원에서 서로 같은 관계에 있을까요?

1)
코끼리 : 개미
거인 : 난쟁이

2)
소 : 송아지
개 : 강아지

3)
비행기 : 하늘
자동차 : 땅

두번째생각여행 유비추론 문제 풀기

2-1 다음의 두 관계는 '남자/여자' 차원에서 서로 같은 관계에 있습니다. 괄호 안에 들어갈 낱말은 무엇인가요?

> 아버지 : 어머니
> 아들 : (   )

① 누나   ② 언니   ③ 딸   ④ 할머니

2-2 다음의 두 관계는 '길이'의 차원에서 서로 같은 관계에 있습니다. 괄호 안에 들어갈 낱말은 무엇인가요?

> 기차 : 승용차
> 뱀 : (   )

① 기린   ② 지렁이   ③ 코끼리   ④ 고래

2-3

다음의 도형들은 유비 관계에 있습니다. 네 번째 네모 안에는 어떤 도형이 들어갈 수 있을까요?

1)

2)

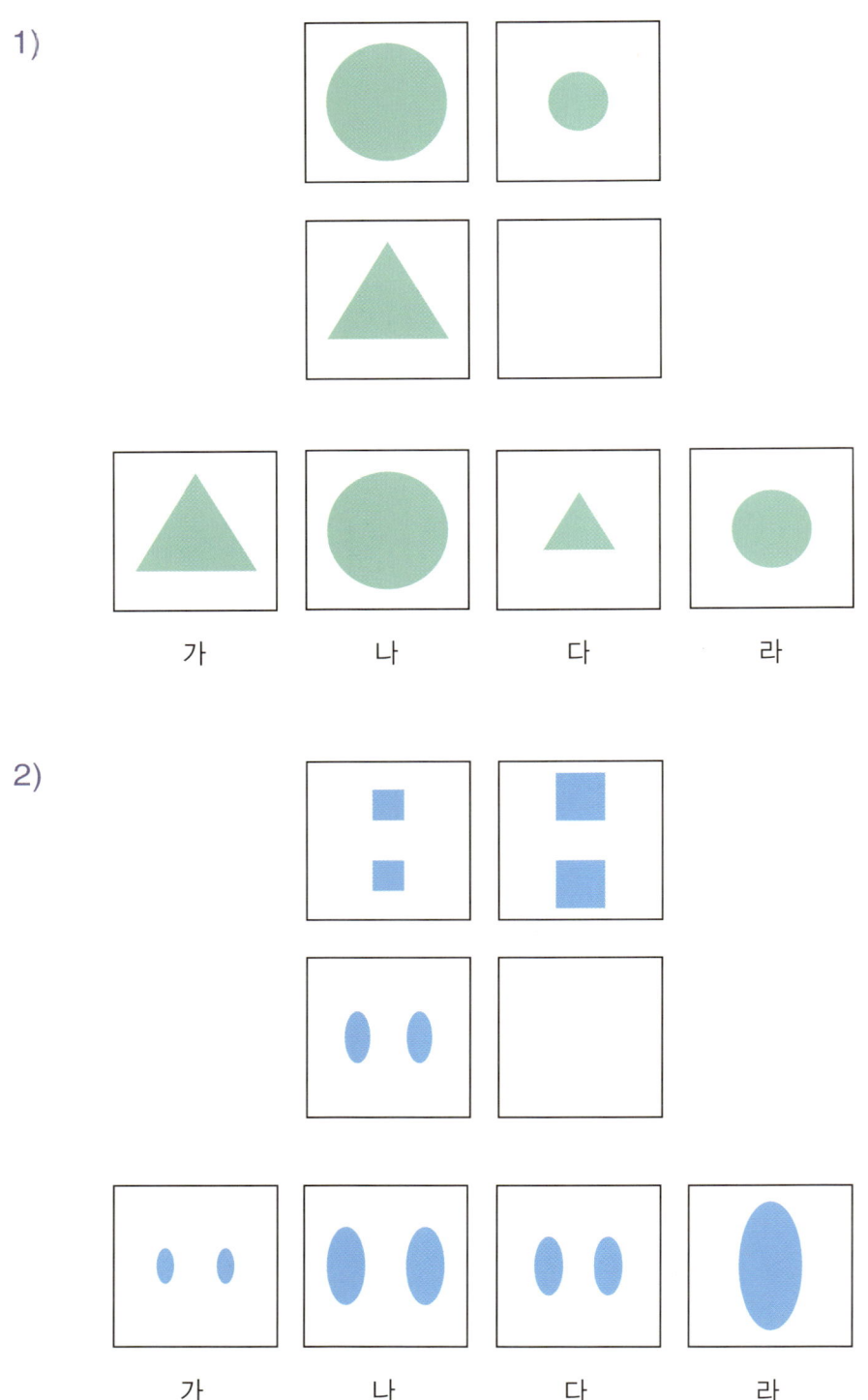

3)

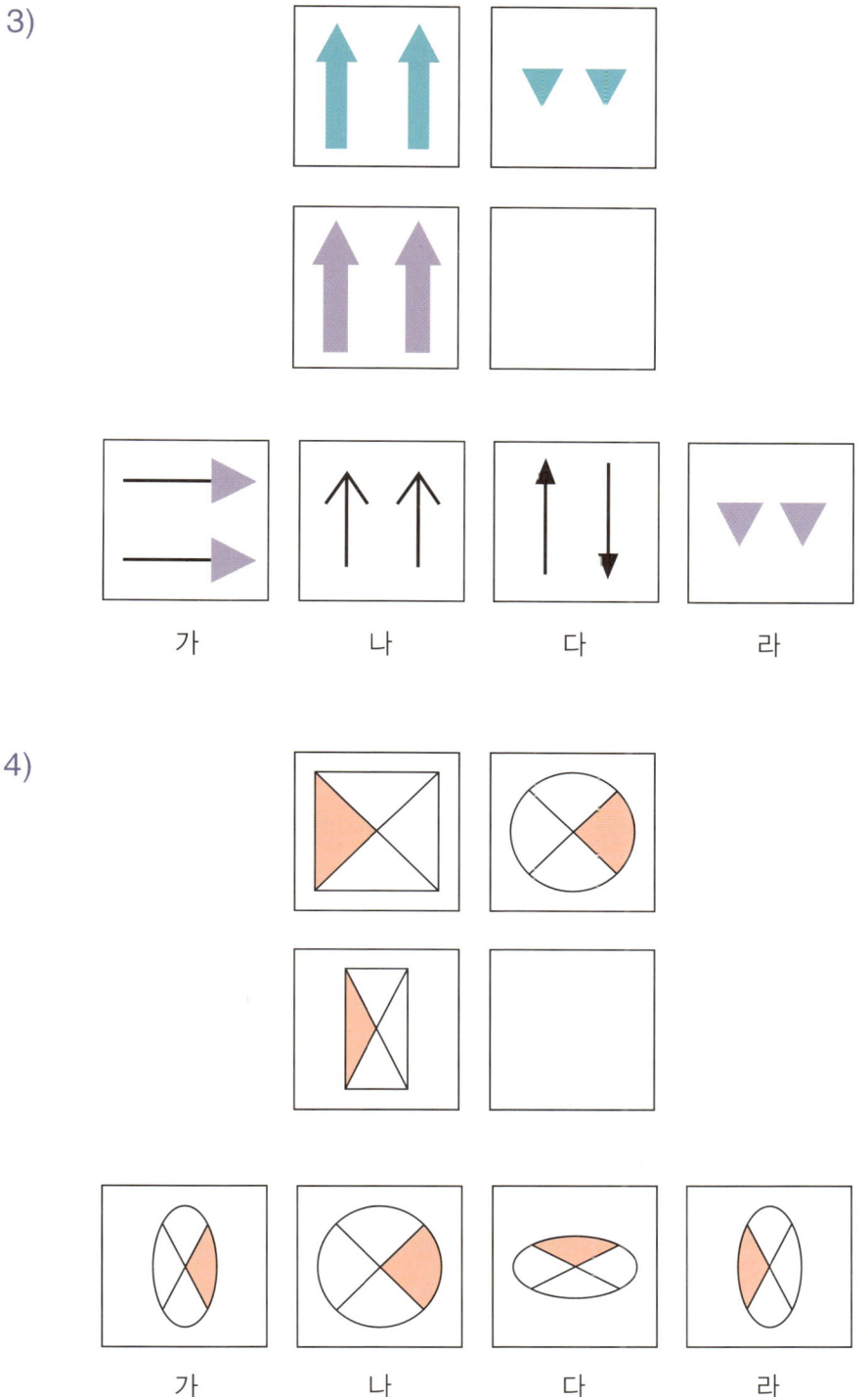

4)

유비추론 문제를 푸는 방법

단계 1: 첫 번째 네모 쌍의 두 네모 안에 어떤 그림이 들어 있는지 관찰한다.

단계 2: 두 그림 사이의 비슷한 점이 무엇인지 찾는다.

단계 3: 두 그림 사이의 다른 점이 무엇인지 찾는다.

단계 4: 첫 번째 네모 쌍의 첫 번째 그림과 두 번째 네모 쌍의 첫 번째 그림을 비교한다.

단계 5: 첫 번째 네모 쌍의 두 번째 그림에 비추어, 비어 있는 네모 안에 들어갈 그림이 어떤 특징을 가져야 할지 판단한다.

3-1 다음의 두 관계는 유비 관계에 있습니다. 괄호 안에 들어갈 낱말은 무엇인가요?

> 장갑 : 손
> 양말 : (   )

3-2 다음의 도형들은 유비 관계에 있습니다. 네 번째 네모 안에는 어떤 도형이 들어갈 수 있을까요?

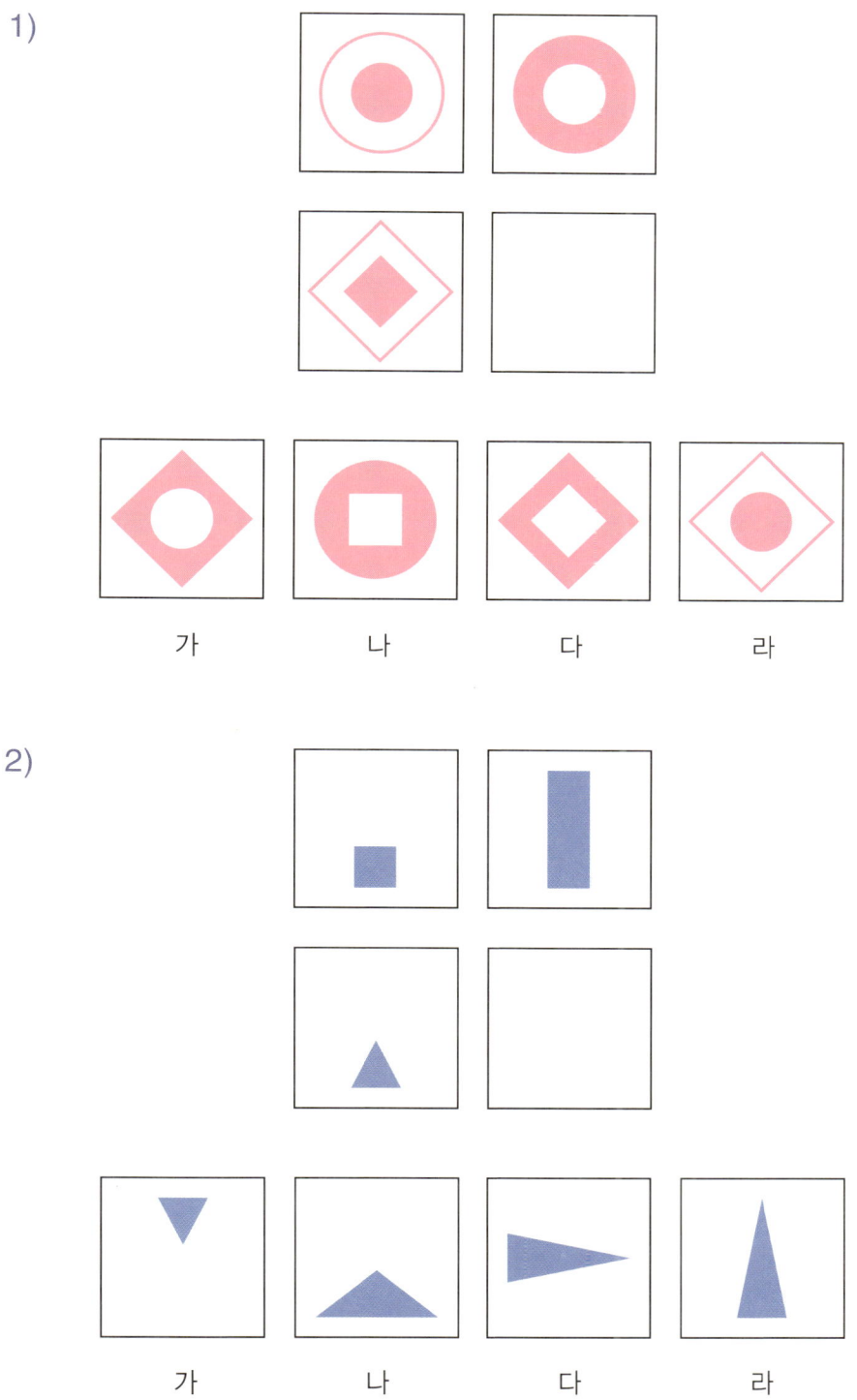

3)

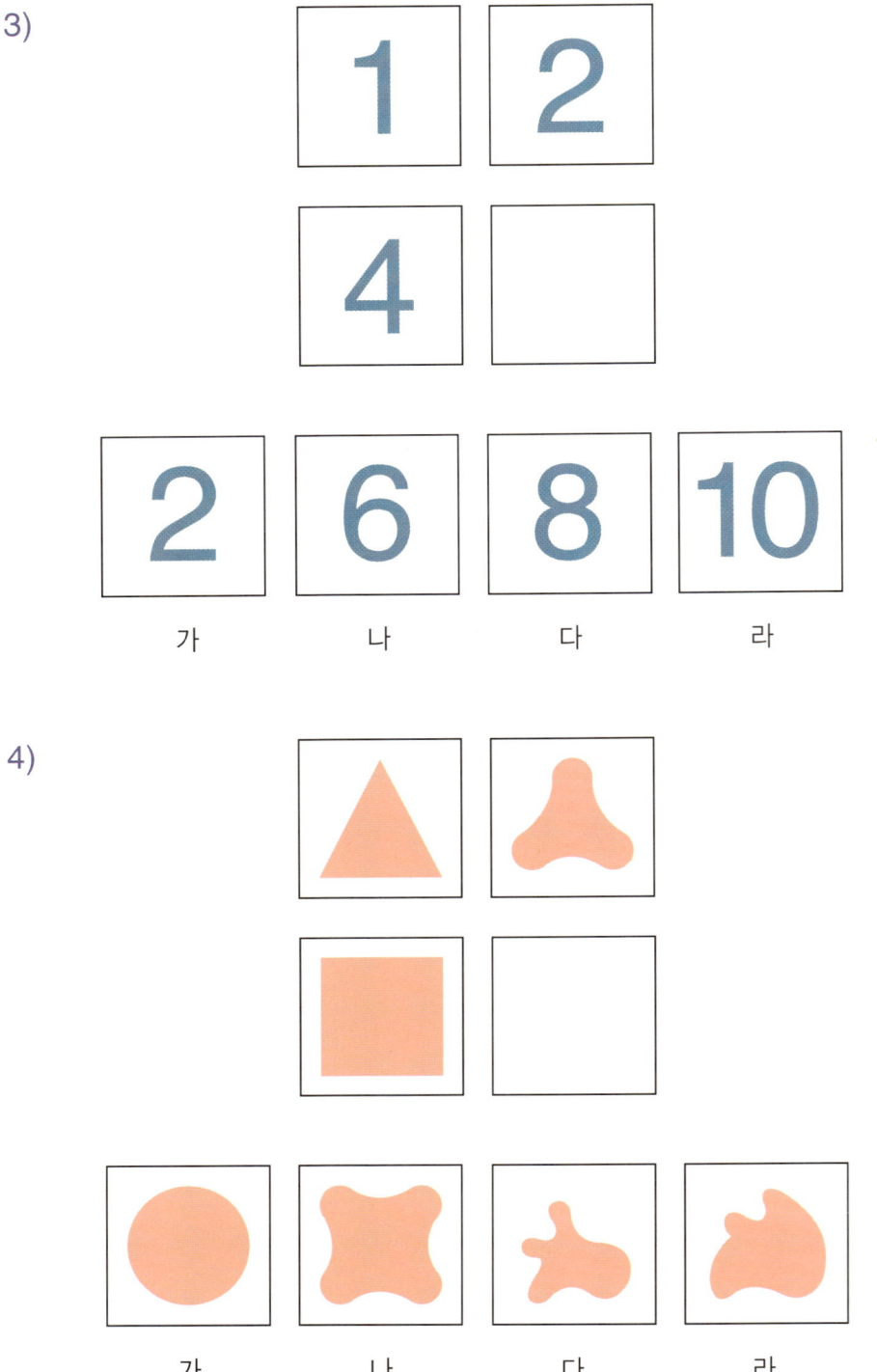

4)

5)

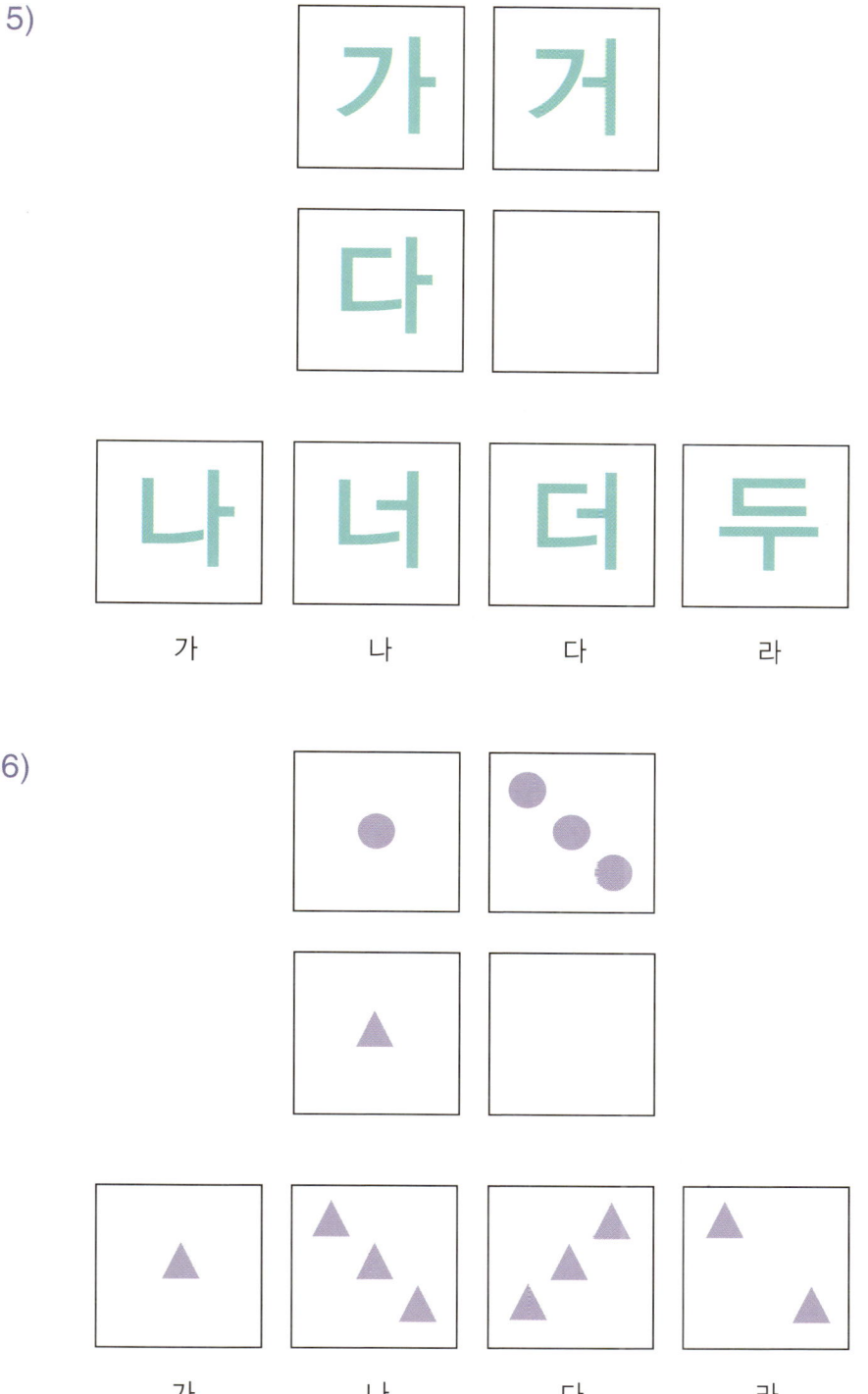

6)

5. 요소들 사이의 관계

▶▶▶ 오늘 생각할 내용

복잡한 유비 관계를 쉽게 해결하려면 어떻게 해야 할까요?

 유비 관계의 구조

1-1 아래 표를 보고 말해 보세요.

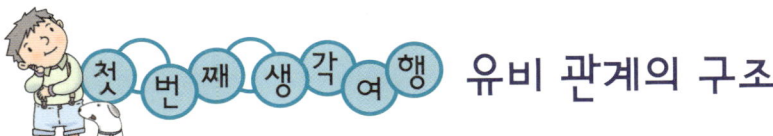

1) 해와 달의 관계는 무엇과 무엇의 관계와 같은가요?

2) 달과 해의 관계는 무엇과 무엇의 관계와 같은가요?

3) 낮과 해의 관계는 무엇과 무엇의 관계와 같은가요?

4) 밤과 달의 관계는 무엇과 무엇의 관계와 같은가요?

1-2 다음 그림들을 관찰하고 어떤 관계가 반복되는지 찾아봅시다.

1) 네 번째 네모 안에 들어갈 도형은 어느 것인가요?

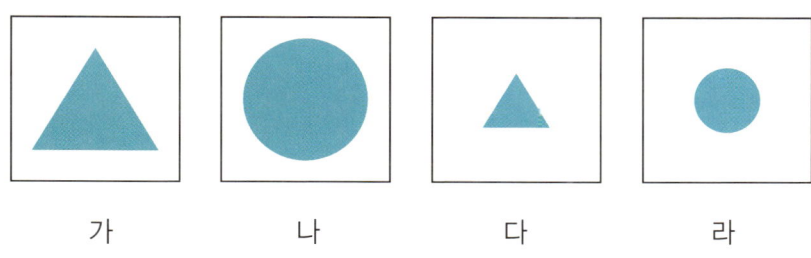

2) 수평 방향(↔)의 관계에서 비교가 되는 차원은 무엇인가요?

3) 이 관계를 한 문장으로 나타내어 봅시다.
　　　　　과　　　　　의 관계는
　　　　　과　　　　　의 관계와 같다.

4) 수직 방향(↕)의 관계는 어떤 차원인가요?

5) 이 관계를 한 문장으로 나타내어 봅시다.
　　　　　과　　　　　의 관계는
　　　　　과　　　　　의 관계와 같다.

1-3 다음 그림들을 관찰하고 어떤 관계가 반복되는지 찾아봅시다.

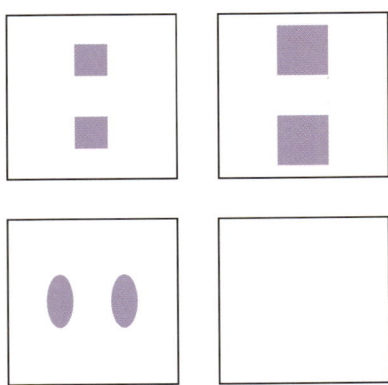

1) 네 번째 네모 안에 들어갈 도형은 어느 것인가요?

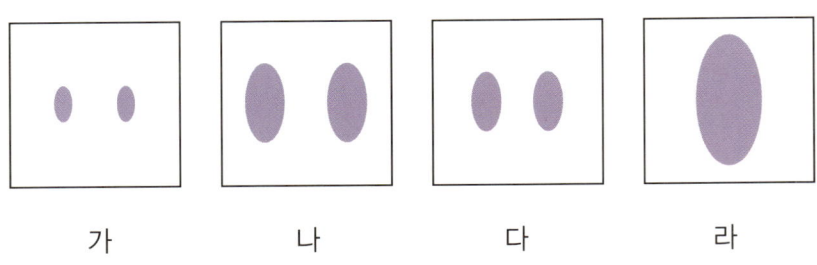

　　　가　　　　　　나　　　　　　다　　　　　　라

2) 수평 방향(↔)의 관계에서 비교되는 차원은 무엇인가요?

3) 이 관계를 한 문장으로 나타내어 봅시다.
　　　_____과 _____의 관계는
　　　_____과 _____의 관계와 같다.

4) 수직 방향(↕)의 관계는 어떤 차원인가요?

5) 이 관계를 한 문장으로 나타내어 봅시다.
　　　_____과 _____의 관계는
　　　_____과 _____의 관계와 같다.

 유비 문제의 해결 방법

2-1 다음 도형들을 관찰하고, 해결 방법을 생각해 봅시다.

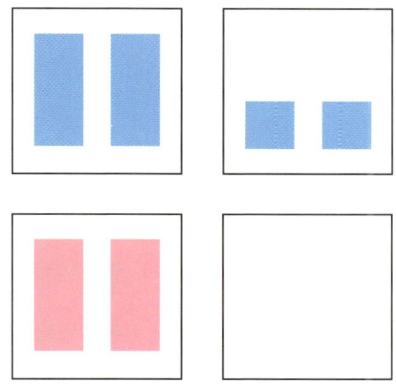

1) 네 번째 네모 안에 들어갈 도형은 어느 것인가요?

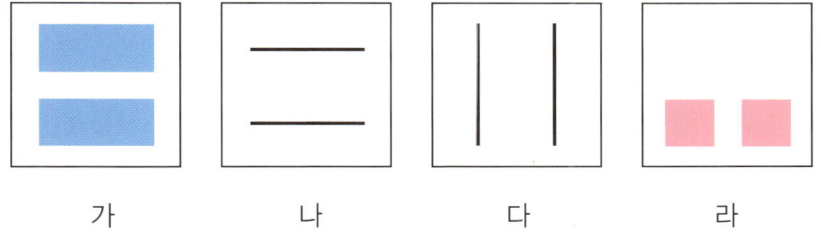

가　　　　나　　　　다　　　　라

2) 수평 방향(→)으로는 어떻게 변했습니까?

3) 수직 방향(↓)으로는 어떻게 변했습니까?

4) 이 유비 관계의 차원은 무엇입니까?

2-2 다음 도형들을 관찰하고, 해결 방법을 생각해 봅시다.

1) 네 번째 네모 안에 들어갈 도형은 어느 것인가요?

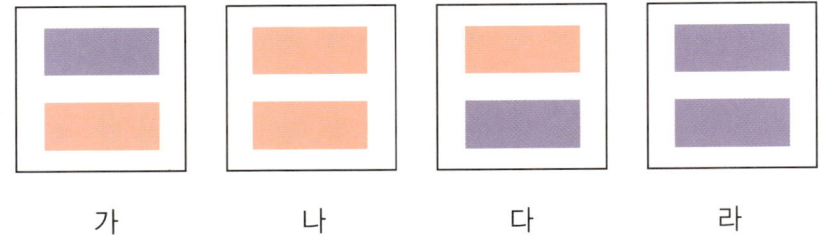

가   나   다   라

2) 수평 방향(→)으로는 어떻게 변했습니까?

3) 수직 방향(↓)으로는 어떻게 변했습니까?

4) 이 유비 관계의 차원은 무엇입니까?

3-1 앞에서 해결했던 방법을 이용해서 다음 유비추론 문제를 풀어 봅시다.

1) 네 번째 네모 안에는 어떤 도형이 들어갈 수 있을까요?

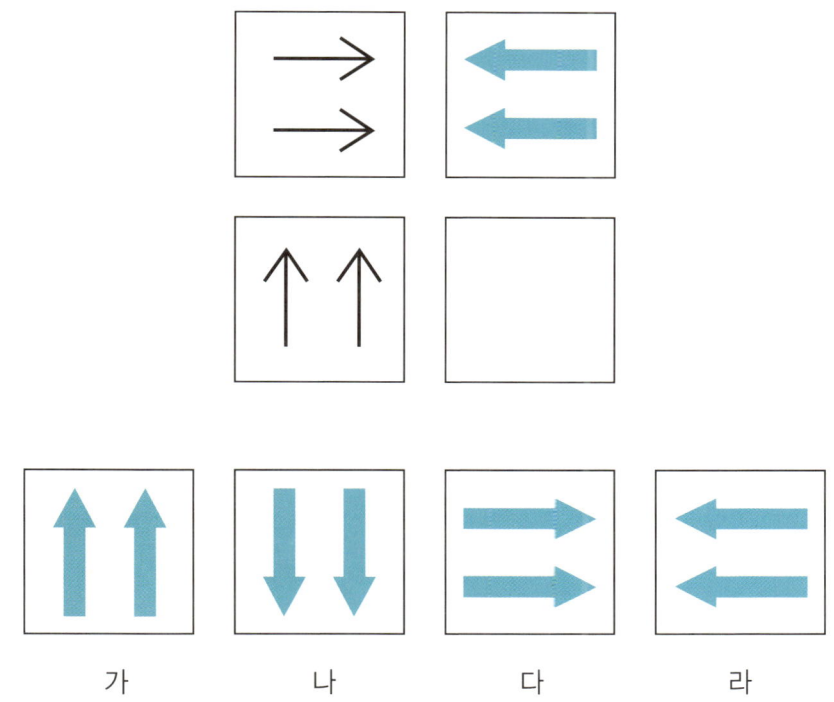

2) 네 번째 네모 안에는 어떤 도형이 들어갈 수 있을까요?

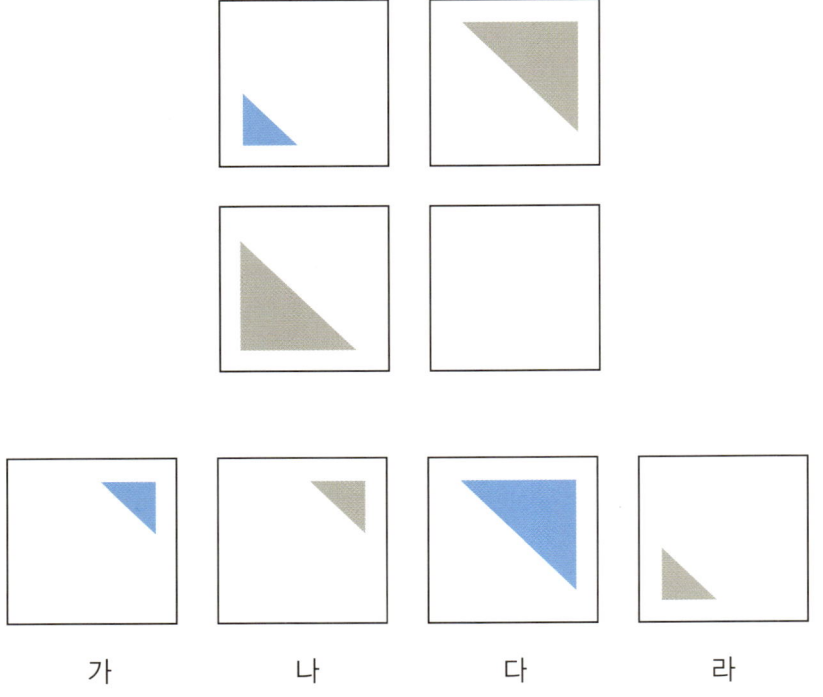

3) 네 번째 네모 안에는 어떤 도형이 들어갈 수 있을까요?

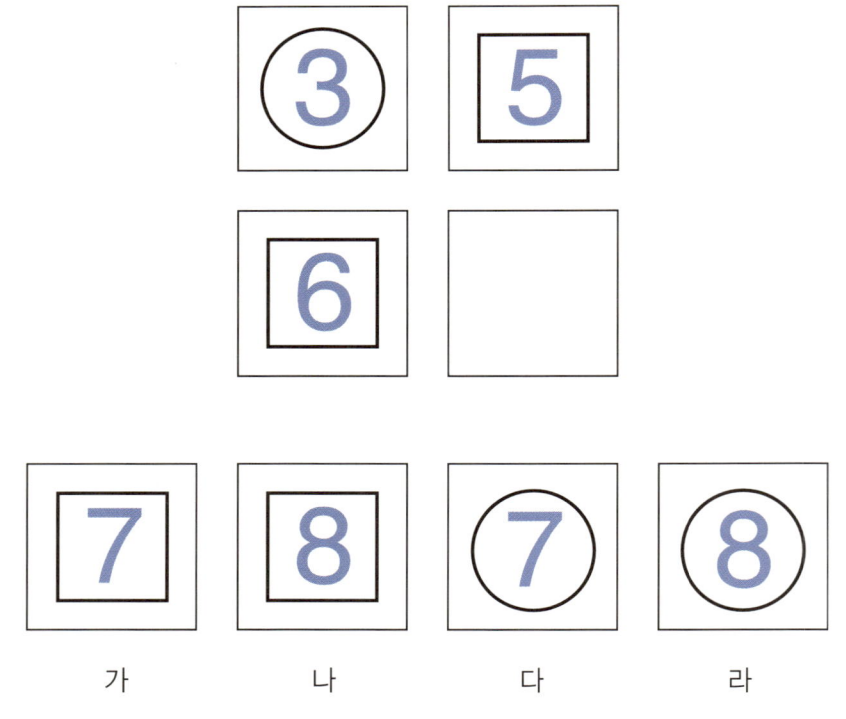

4) 네 번째 네모 안에는 어떤 도형이 들어갈 수 있을까요?

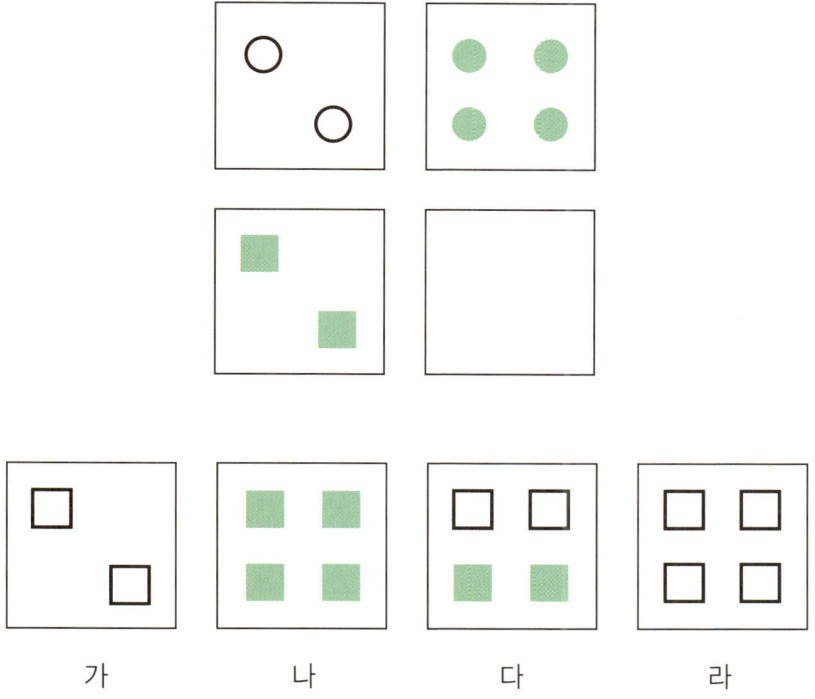

5) 네 번째 네모 안에는 어떤 도형이 들어갈 수 있을까요?

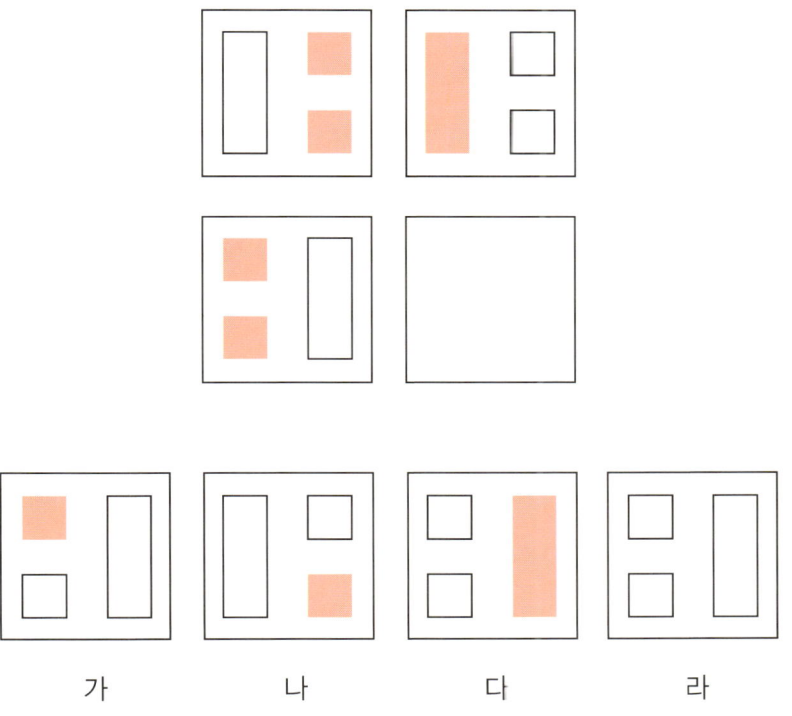

6) 네 번째 네모 안에는 어떤 도형이 들어갈 수 있을까요?

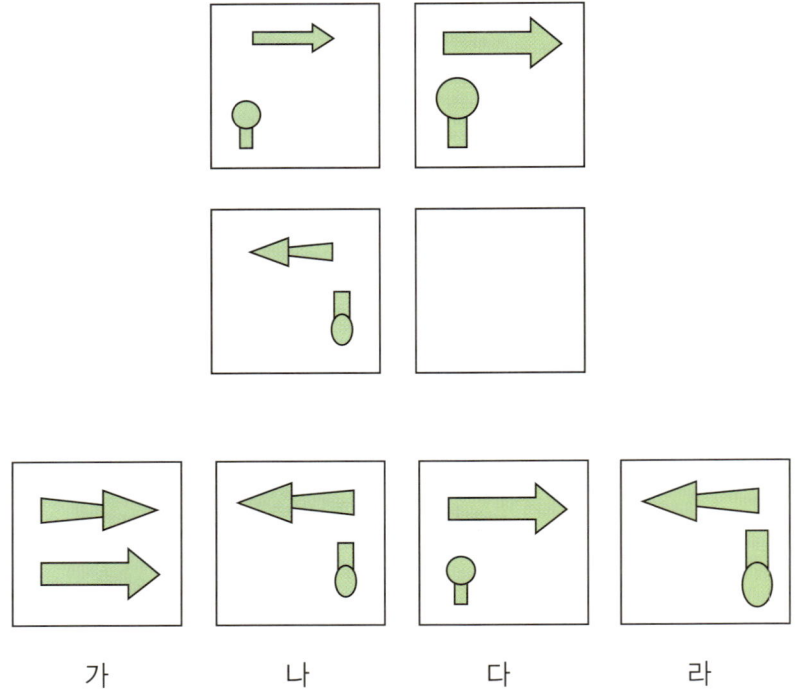

7) 네 번째 네모 안에는 어떤 도형이 들어갈 수 있을까요?

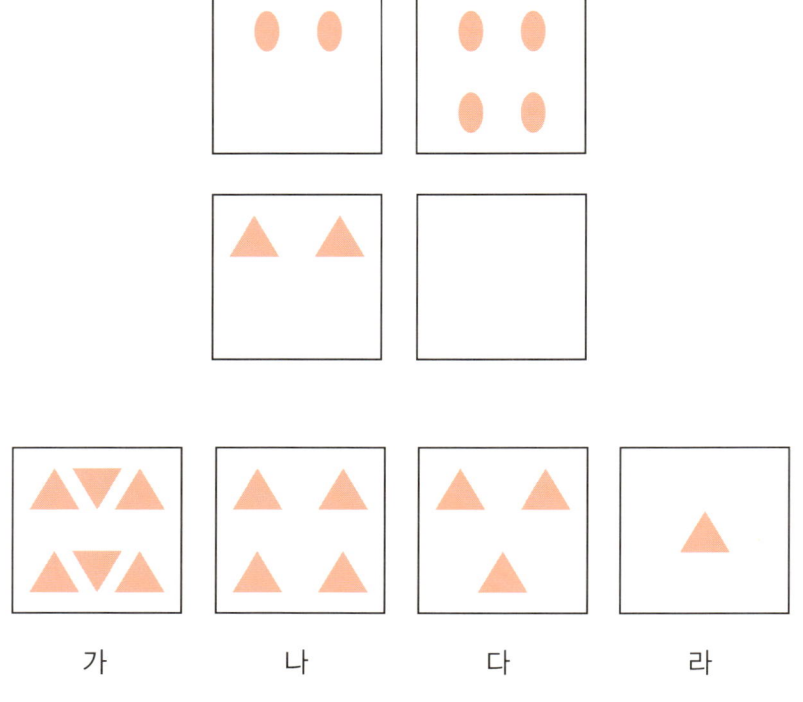

8) 네 번째 네모 안에는 어떤 도형이 들어갈 수 있을까요?

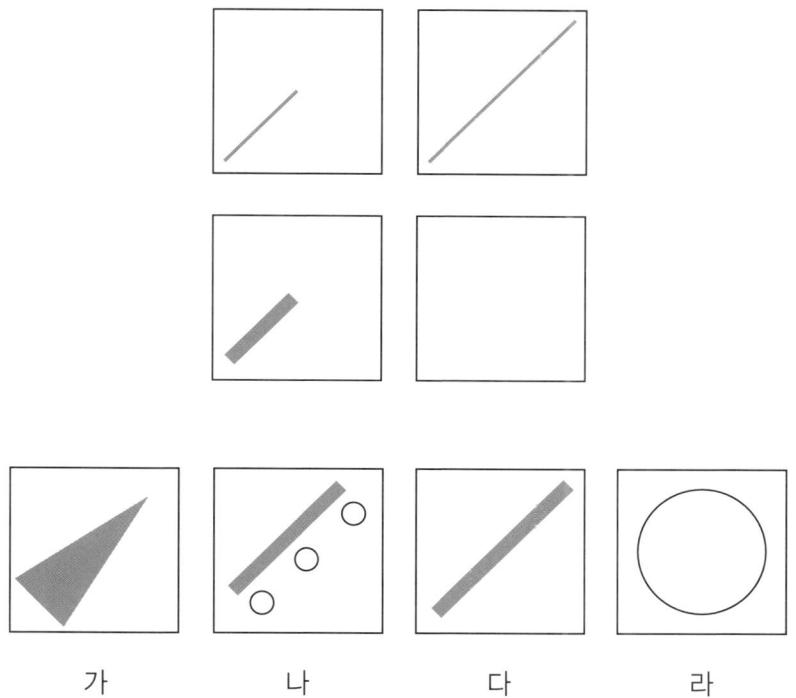

가   나   다   라

6 집단 유비추론

▶▶▶ 오늘 생각할 내용

복잡한 유비 관계를 쉽게 해결하려면 어떻게 해야 할까요?

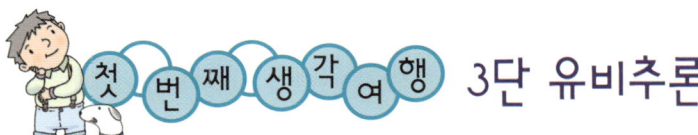 3단 유비추론

1-1 다음 그림들을 관찰하고 어떤 관계가 반복되는지 찾아봅시다.

1) 첫 번째 줄에 있는 세 도형은 어떻게 변화되고 있나요?

2) 두 번째 줄에 있는 두 도형은 어떻게 변화되고 있나요?

3) 두 번째 줄 마지막 네모 칸에 들어갈 도형을 그려 보세요.

1-2 다음 그림들을 관찰하고 어떤 관계가 반복되는지 찾아봅시다.

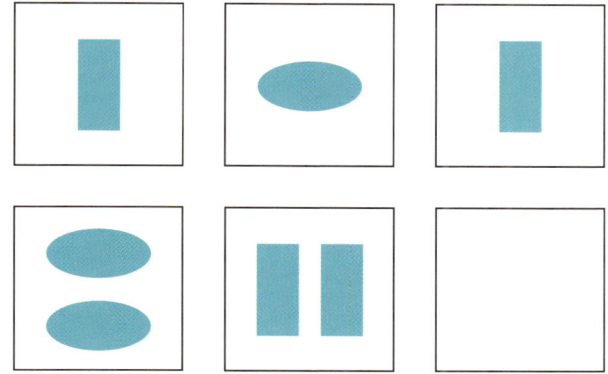

1) 첫 번째 줄에 있는 도형들은 어떻게 변화되고 있나요?

2) 두 번째 줄에 있는 도형들도 첫 번째 줄의 도형처럼 변화되려면, 마지막 네모 안에 어떤 도형이 들어가야 할까요?

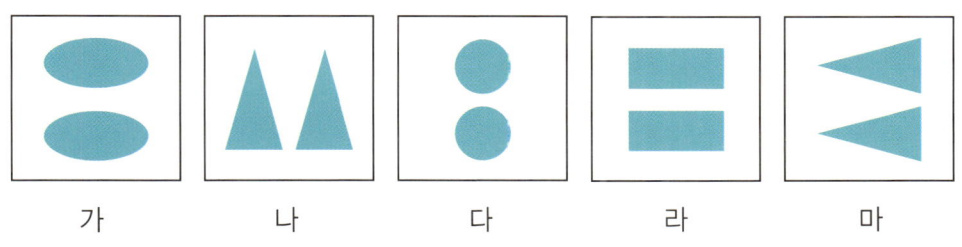

가　　　　나　　　　다　　　　라　　　　마

쌍방적 3단 유비추론

2-1 다음 그림들을 관찰하고 어떤 관계가 반복되는지 알아봅시다.

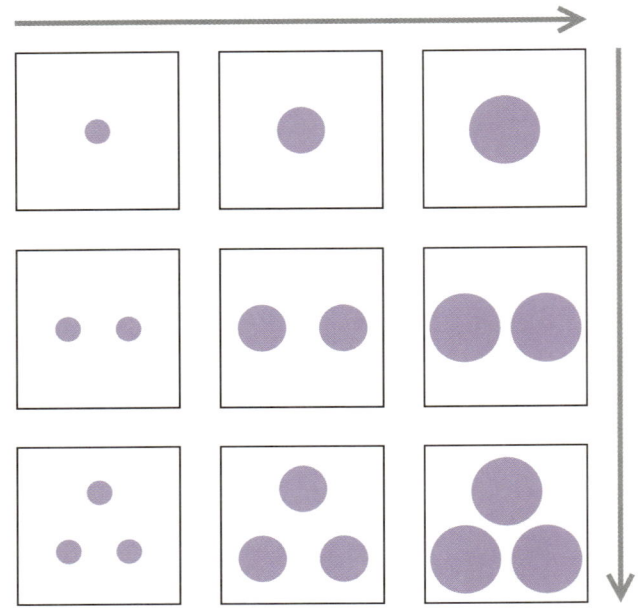

1) 이 도형들은 수평으로(→) 어떻게 변화되고 있나요?
   변화의 차원은 무엇인가요?

2) 이 도형들은 수직으로(↓) 어떻게 변화되고 있나요?
   변화의 차원은 무엇인가요?

2-2 다음 그림들을 관찰하고 어떤 관계가 반복되는지 생각해 봅시다.

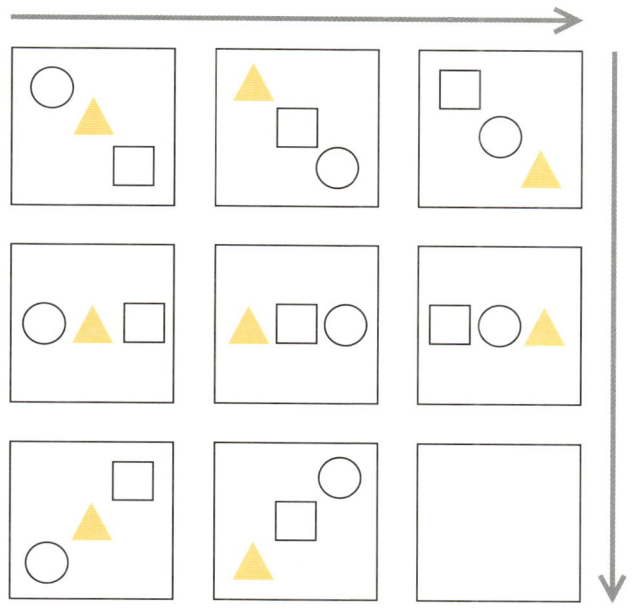

1) 이 도형들은 수평으로(→) 어떻게 변화되고 있나요?
   변화의 차원은 무엇인가요?

2) 이 도형들은 수직으로(↓) 어떻게 변화되고 있나요?
   변화의 차원은 무엇인가요?

3) 맨 마지막 네모 안에는 어떤 도형이 들어가야 할까요?

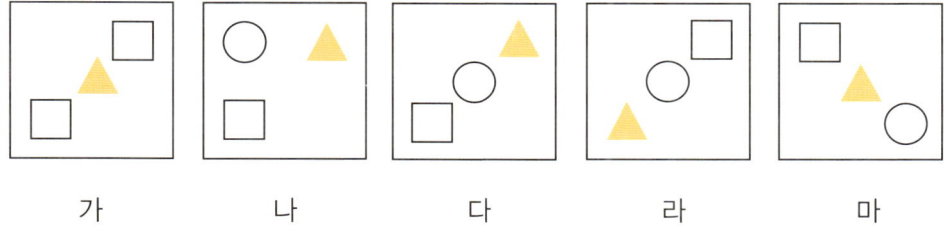

가　　　　나　　　　다　　　　라　　　　마

2-3 다음 그림들을 관찰하고 어떤 관계가 반복되는지 생각해 봅시다.

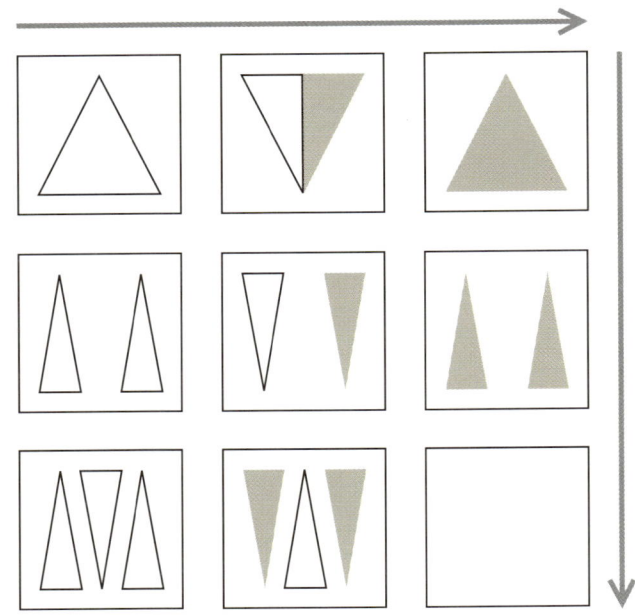

1) 이 도형들은 수평으로(→) 어떻게 변화되고 있나요? 변화의 차원은 무엇인가요?

2) 이 도형들은 수직으로(↓) 어떻게 변화되고 있나요? 변화의 차원은 무엇인가요?

3) 맨 마지막 네모 안에는 어떤 도형이 들어가야 할까요?

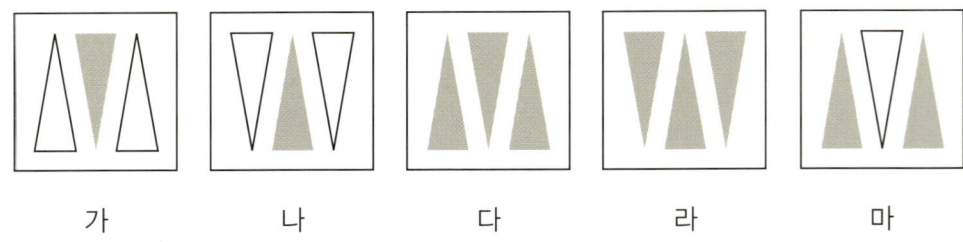

가   나   다   라   마

3-1 다음 그림들을 관찰하고 어떤 관계가 반복되는지 생각해 봅시다.

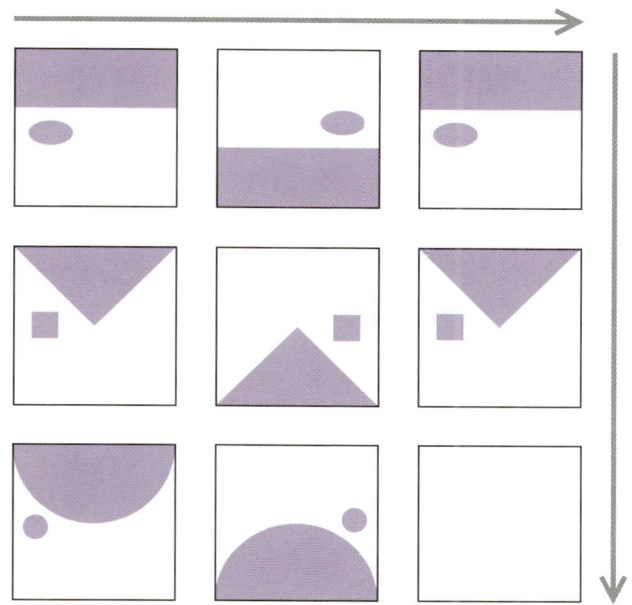

1) 이 도형들은 수평으로(→) 어떻게 변화되고 있나요? 변화의 차원은 무엇인가요?

2) 이 도형들은 수직으로(↓) 어떻게 변화되고 있나요? 변화의 차원은 무엇인가요?

3) 맨 마지막 네모 안에는 어떤 도형이 들어가야 할까요?

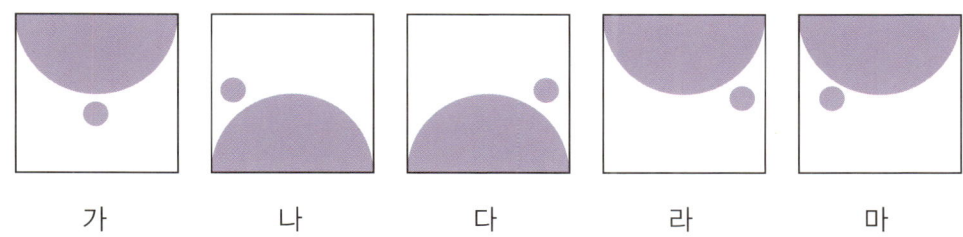

가　　　나　　　다　　　라　　　마

3-2 다음 그림들을 관찰하고 어떤 관계가 반복되는지 생각해 봅시다.

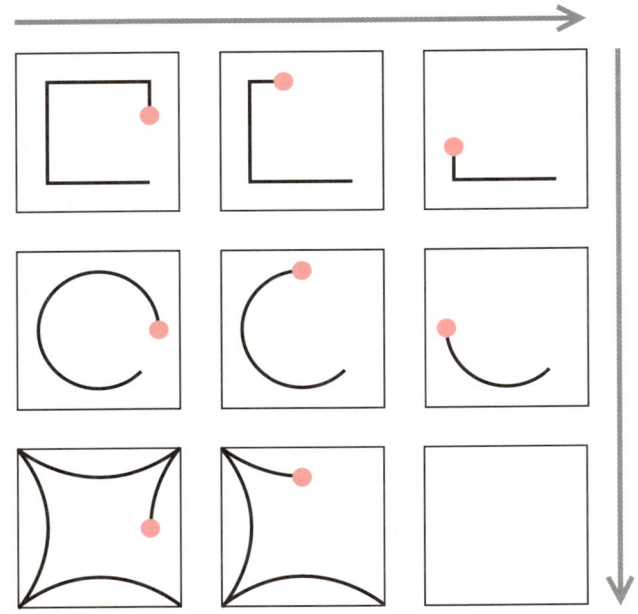

1) 이 도형들은 수평으로(→) 어떻게 변화되고 있나요? 변화의 차원은 무엇인가요?

2) 이 도형들은 수직으로(↓) 어떻게 변화되고 있나요? 변화의 차원은 무엇인가요?

3) 맨 마지막 네모 안에는 어떤 도형이 들어가야 할까요?

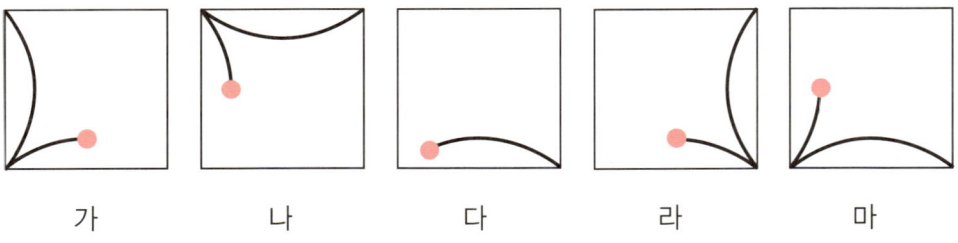

가   나   다   라   마

3-3 다음 그림들을 관찰하고 어떤 관계가 반복되는지 생각해 봅시다.

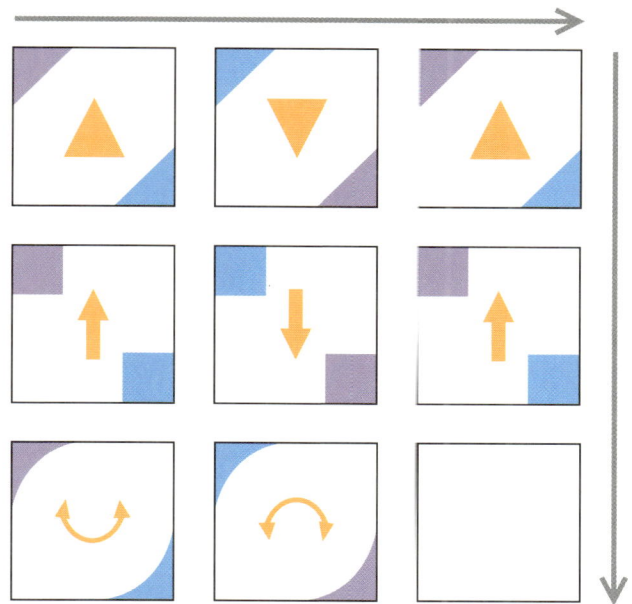

1) 이 도형들은 수평으로(→) 어떻게 변화되고 있나요? 변화의 차원은 무엇인가요?

2) 이 도형들은 수직으로(↓) 어떻게 변화되고 있나요? 변화의 차원은 무엇인가요?

3) 맨 마지막 네모 안에는 어떤 도형이 들어가야 할까요?

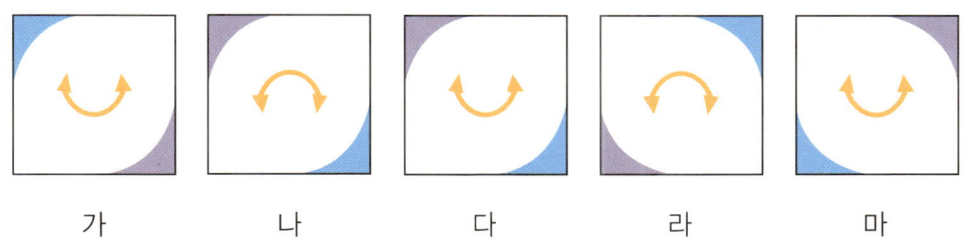

가 　　 나 　　 다 　　 라 　　 마

3-4 다음 그림들을 관찰하고 어떤 관계가 반복되는지 생각해 봅시다.

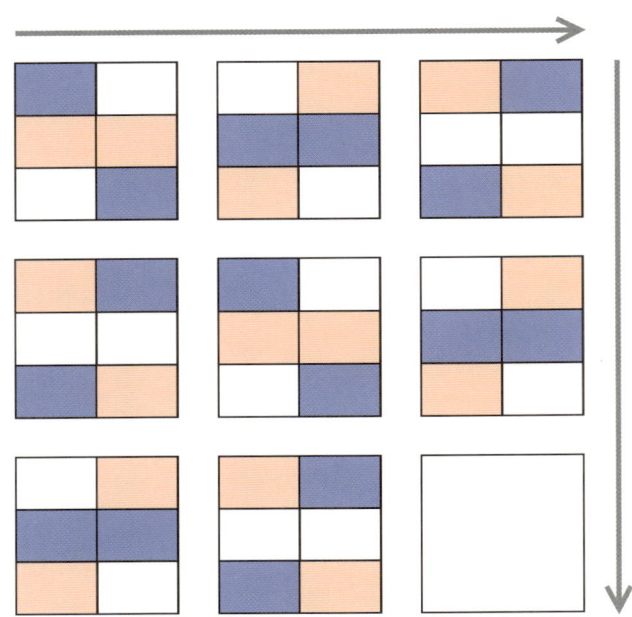

1) 이 도형들은 수평으로(→) 어떻게 변화되고 있나요? 변화의 차원은 무엇인가요?

2) 이 도형들은 수직으로(↓) 어떻게 변화되고 있나요? 변화의 차원은 무엇인가요?

3) 맨 마지막 네모 안에는 어떤 도형이 들어가야 할까요?

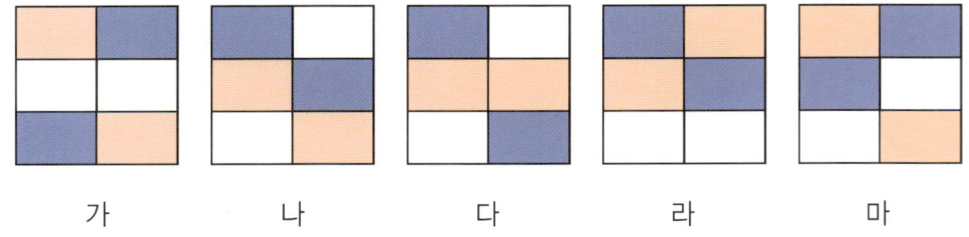

가   나   다   라   마

3-5 다음 그림들을 관찰하고 어떤 관계가 반복되는지 생각해 봅시다.

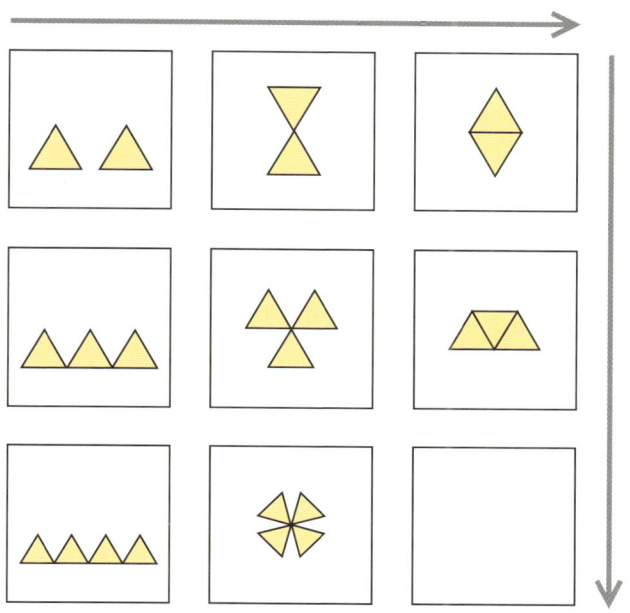

1) 이 도형들은 수평으로(→) 어떻게 변화되고 있나요? 변화의 차원은 무엇인가요?

2) 이 도형들은 수직으로(↓) 어떻게 변화되고 있나요? 변화의 차원은 무엇인가요?

3) 맨 마지막 네모 안에는 어떤 도형이 들어가야 할까요?

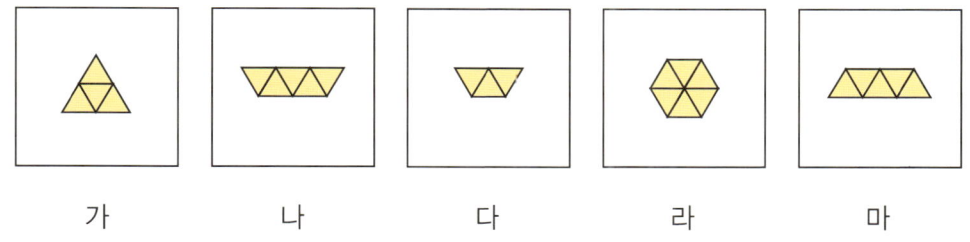

가   나   다   라   마

7 유비추론 완성하기

▶▶▶ **오늘 생각할 내용**

주어진 도형에 맞게 유비추론을 완성하려면 어떻게 해야 할까요?

 **생략된 도형 추론하기**

1-1 다음에 주어진 도형들을 관찰하고, 물음표 자리에 와야 할 도형이 무엇인지 생각해 봅시다.

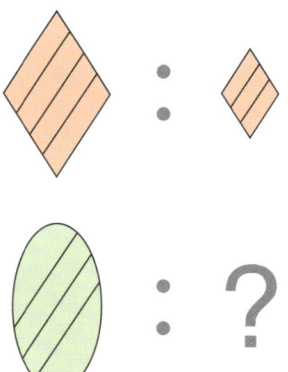

1) 첫 번째 줄에 있는 두 도형은 어떻게 다른가요?

2) 두 번째 줄에 있는 두 도형도 첫 번째 줄과 같은 관계를 가지려면 마지막 칸에 어떤 도형이 와야 하나요?

3) 왼쪽 줄에 있는 두 도형은 어떻게 다른가요?

4) 오른쪽 줄에 있는 도형도 왼쪽 줄과 같은 관계를 가지려면 마지막 칸에 어떤 도형이 와야 할지 그려 보세요.

두 번째 생각여행 유비의 표준 형식

2-1 다음 숫자들을 관찰하고 어떤 관계가 있는지 생각해 봅시다.

$$3 : 1$$
$$6 : 2$$

1) 첫 번째 줄에 있는 3은 1과 어떤 관계가 있나요?

2) 두 번째 줄에 있는 6은 2와 어떤 관계가 있나요?

3) 왼쪽 줄에 있는 3과 6은 어떤 관계가 있나요?

4) 오른쪽 줄에 있는 1과 2는 어떤 관계가 있나요?

3-1 다음에 주어진 그림들을 잘 살펴보고, 마지막에 와야 할 그림을 직접 그려 넣어 보세요.

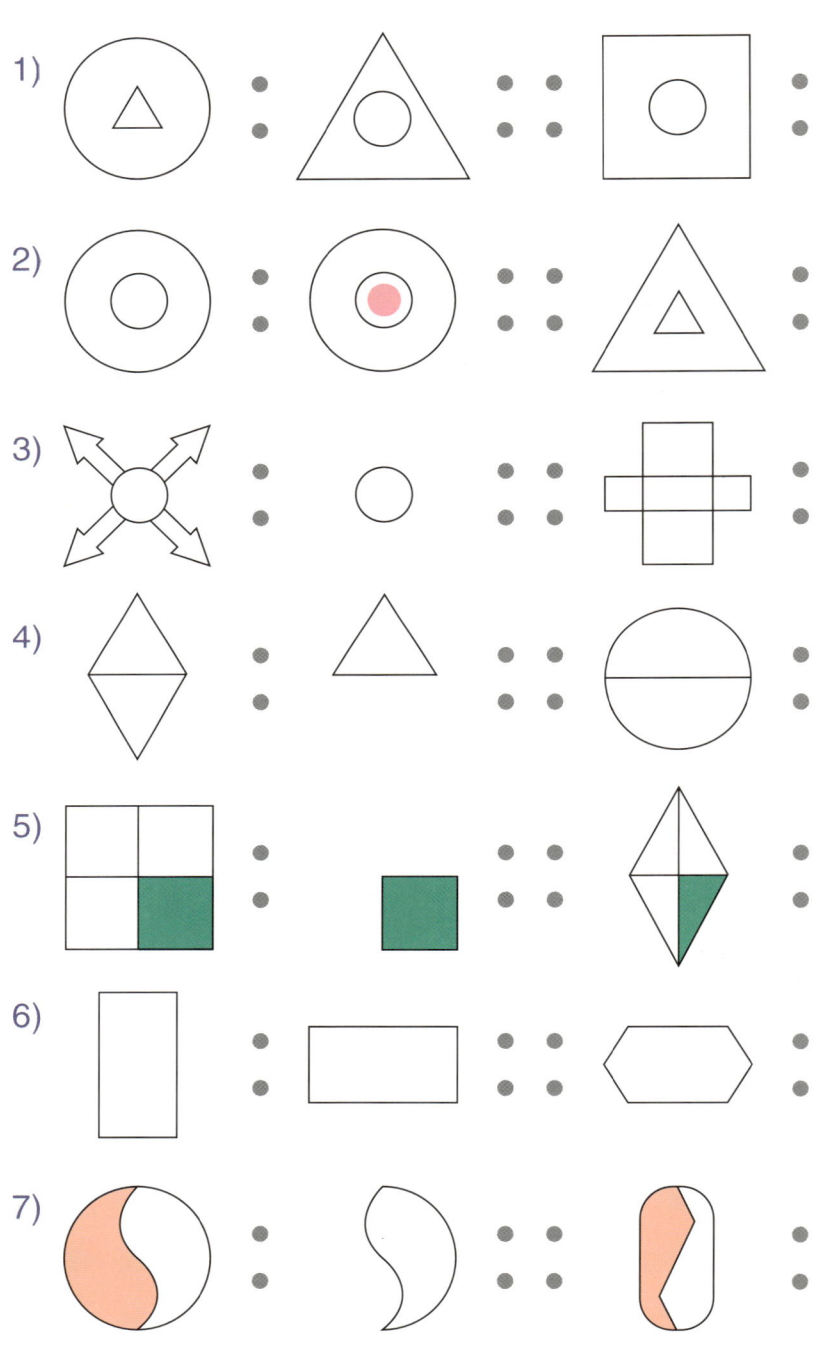

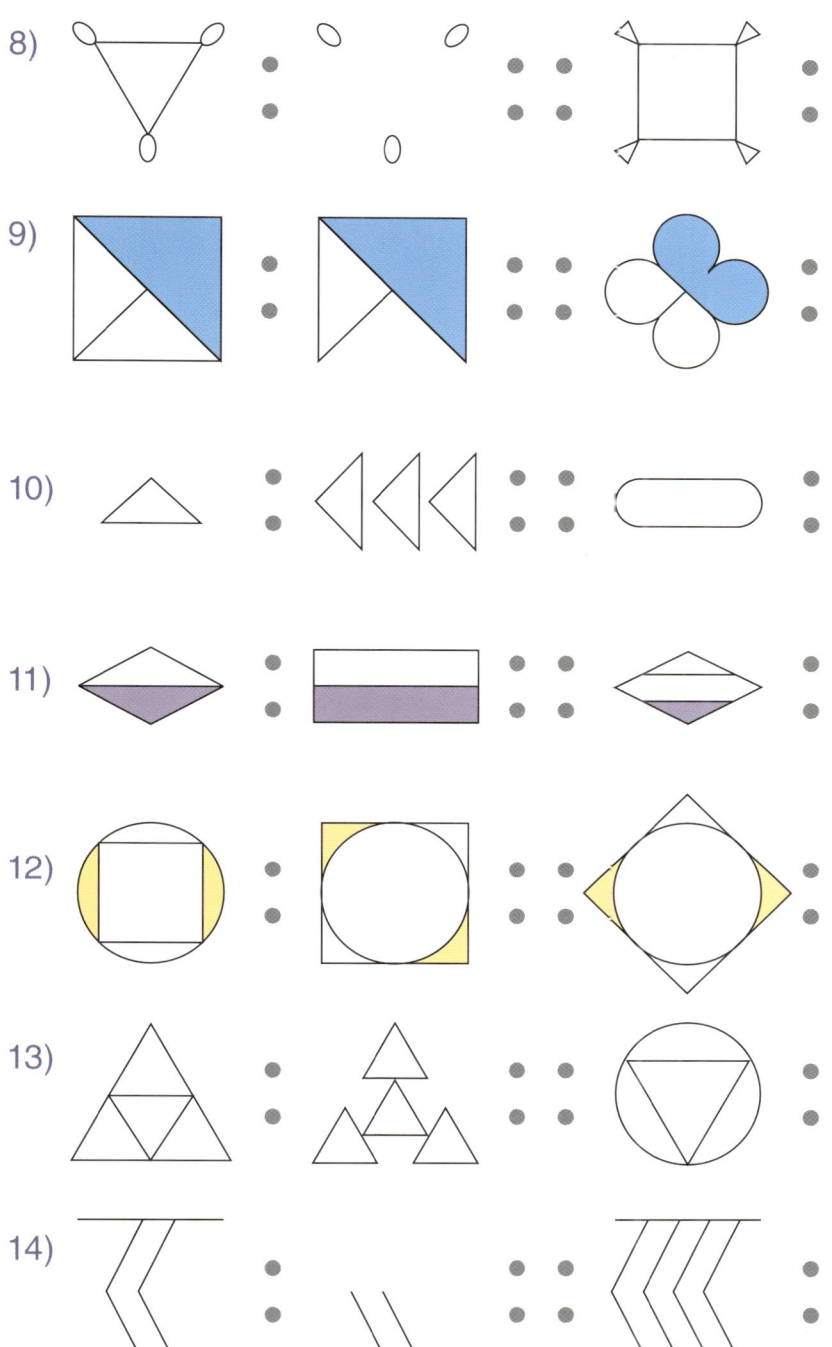

3-2 괄호에 와야 할 숫자를 써 넣으세요.

1) 4 : 2 :: 8 : ( )

2) 3 : 1 :: 9 : ( )

3) 1 : 4 :: 4 : ( )

Ⅲ. 그림 퍼즐을 통한 추리

8 지혜모양판 만들기

▶▶▶ 오늘 생각할 내용

지혜모양판으로 여러 가지 모양을 만들어 봅시다.

 **지혜모양판이란 무엇인가**

※오른쪽 페이지에 있는 도형 그림은 지혜모양판입니다. 점선을 따라 가위로 오려 봅시다.

1-1 두 개의 작은 삼각형으로 아래와 같은 도형들을 만들어 봅시다.

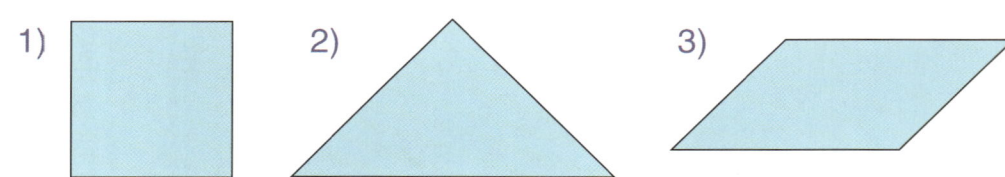

1) 2) 3)

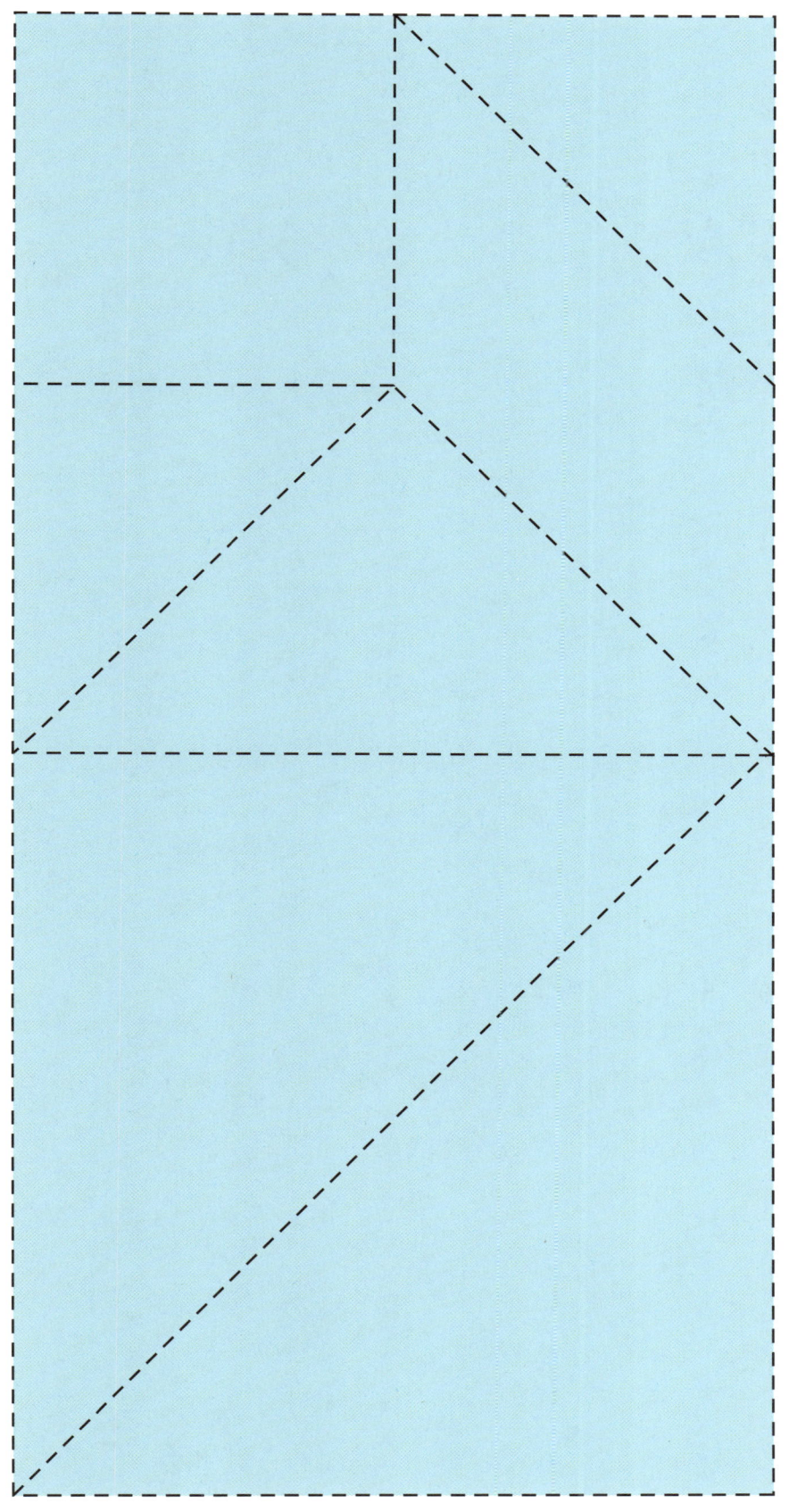

8. 지혜모양판 만들기

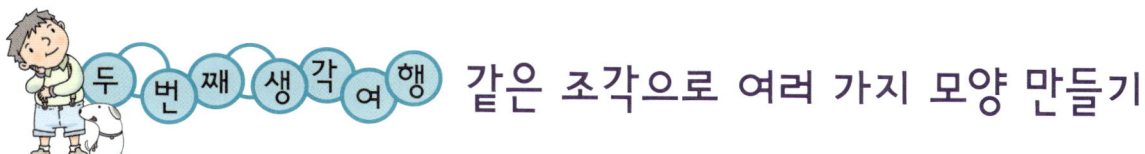 같은 조각으로 여러 가지 모양 만들기

2-1 두 개의 삼각형과 한 개의 평행사변형으로 다음과 같은 모양들을 만들어 봅시다.

1)

2)

3)

4)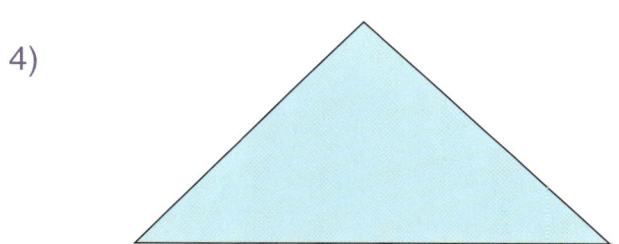

5) 　　　　　　6)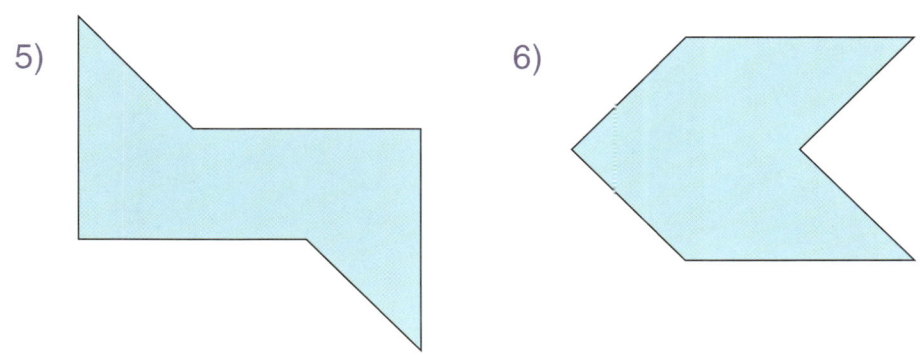

8. 지혜모양판 만들기 **69**

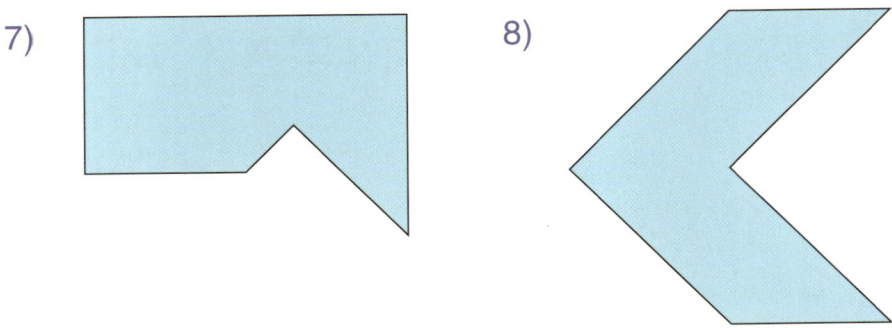

3-1 지혜모양판의 7조각들 중에서 몇 개를 골라서 다음과 같은 모양을 여러 가지 방법으로 만들어 보세요.

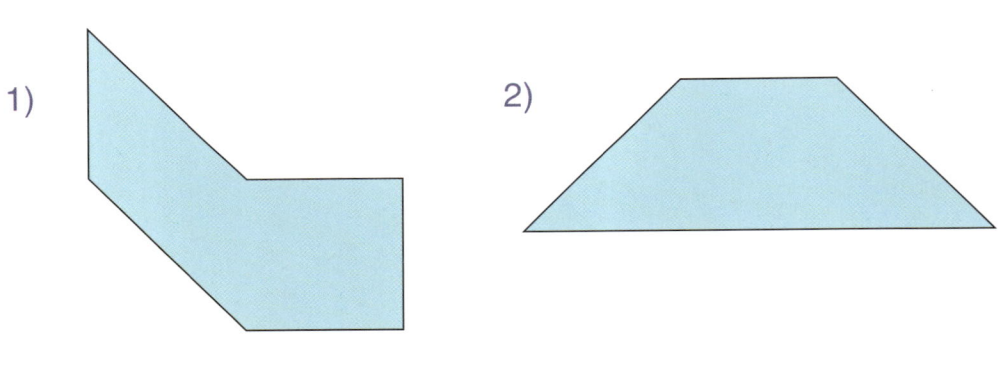

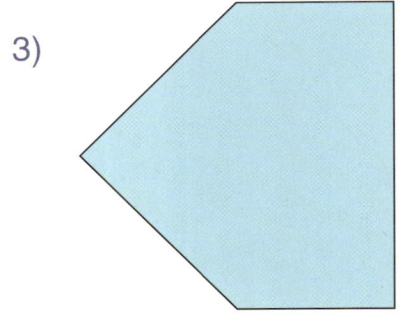

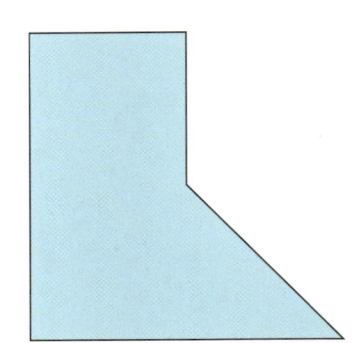

5)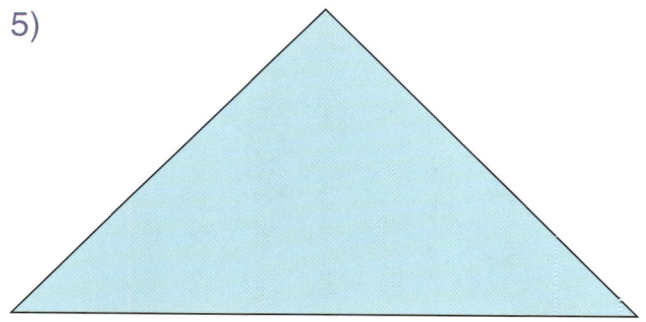

6)

9 지혜모양판 놀이

▶▶▶ 오늘 생각할 내용

지혜모양판 7조각을 모두 사용하여 어떤 모양을 맞출 때, 쉽게 맞출 수 있는 방법은 무엇일까?

 **첫 번째 생각여행** 모양판을 모두 사용하여 모양 만들기

1-1 앞에서 가위로 오렸던 지혜모양판 7조각을 모두 사용해서, 다음 그림을 맞추어 봅시다.

모양판을 맞추는 방법

방법 1 : 모양을 제대로 만들기 어려울 때는 조각들을 뒤집거나 돌려 본다.

방법 2 : 가장 큰 것을 먼저 놓고, 가장 작은 것을 맨 마지막에 놓는다.

1)

2)

 **〈방법 2〉의 적용**

2-1 지혜모양판 맞추기 〈방법 2〉를 이용하여 다음 그림과 같은 모양을 맞추어 보세요.

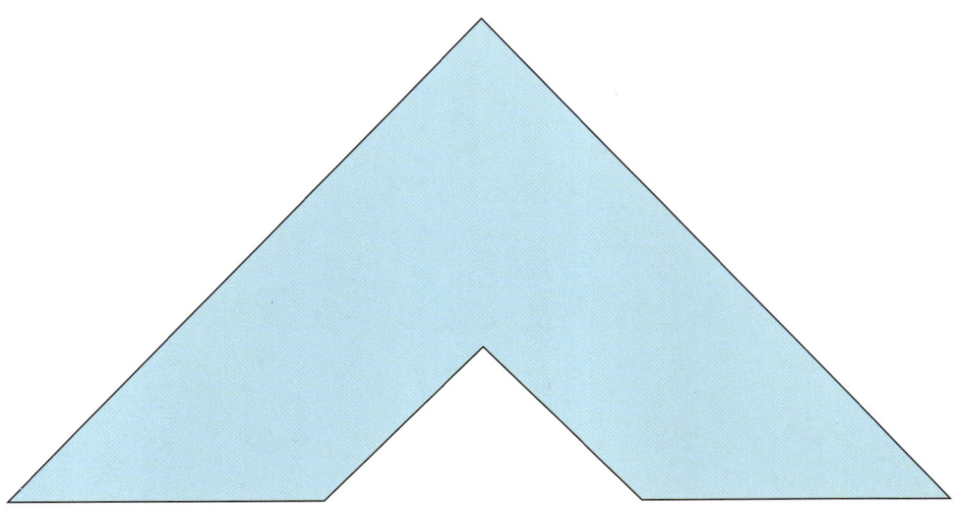

 **〈방법 3〉의 적용**

모양판을 맞추는 방법

방법 3 : 조각들을 배치하고 나서 다음과 같은 점을 살펴본다.
       1. 가장 작은 공간을 채울 수 있는 작은 조각이 남아 있는가?
       2. 비어 있는 공간을 채울 수 없는 조각이 하나라도 남아 있는가?

3-1 〈방법 3〉을 이용하여 지혜모양판의 7조각을 모두 사용해서 다음과 같은 정사각형 모양을 맞추어 봅시다.

4-1 지혜모양판의 7조각들을 모두 사용해서 다음 그림과 같은 모양을 맞추어 봅시다.

1)

2)

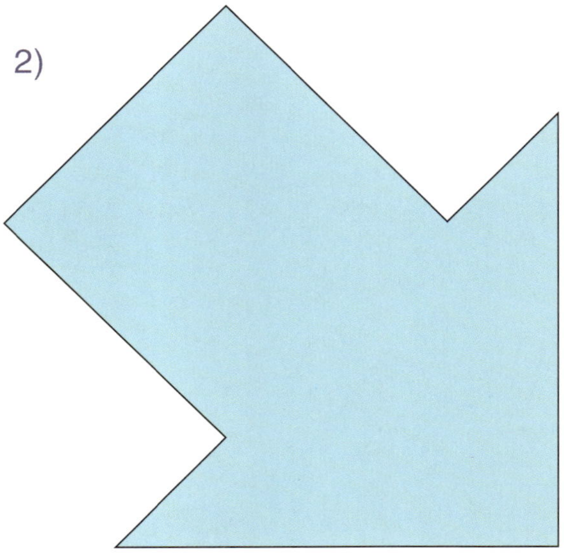

3)

4)
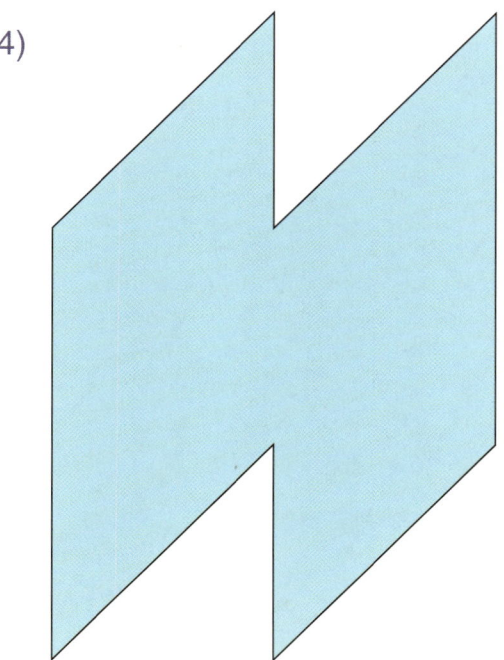

 모양 만들기 연습

▶▶▶ 오늘 생각할 내용

지혜모양판 7조각을 모두 사용하여 모양을 맞출 때, 쉽게 맞출 수 있는 방법은 무엇일까?

 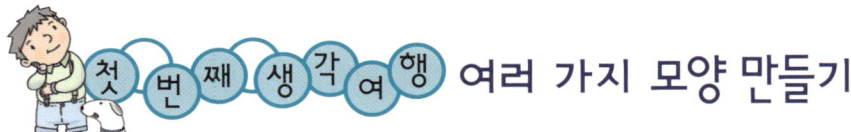 여러 가지 모양 만들기

모양판을 맞추는 방법

방법 4: 조각들을 배열하기 전에 지혜모양판을 주의 깊게 관찰하고, 모양판 조각들이 들어가야 할 곳을 상상해 본다.

1-1 지혜모양판의 7조각을 모두 사용하여 다음과 같은 새 모양을 만들어 봅시다.

1) 모양판에 손을 대지 말고, 〈방법 4〉에서 말한 대로, 가장 큰 삼각형 두 개가 들어갈 곳을 상상해 봅시다.

2) 새의 목에는 어떤 모양판이 들어가야 할까요?

3) 새의 머리와 다리에는 각각 어떤 모양판이 들어가야 할지 상상해 봅시다.

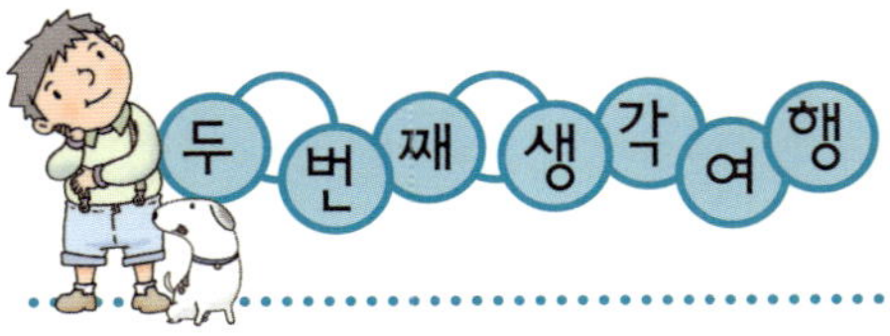

두번째생각여행 <방법 4>의 적용

2-1 지혜모양판 맞추기 <방법 4>를 이용하여 다음 그림과 같은 모양들을 맞추어 보세요.

1)

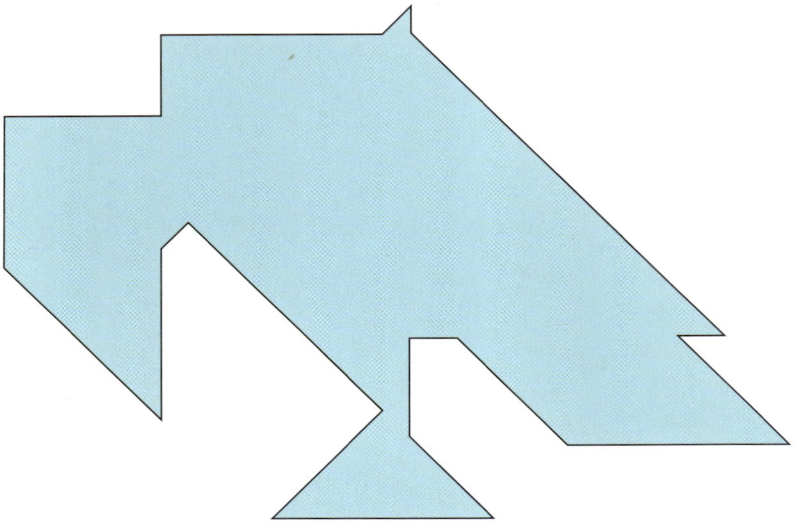

2)

3)

4)

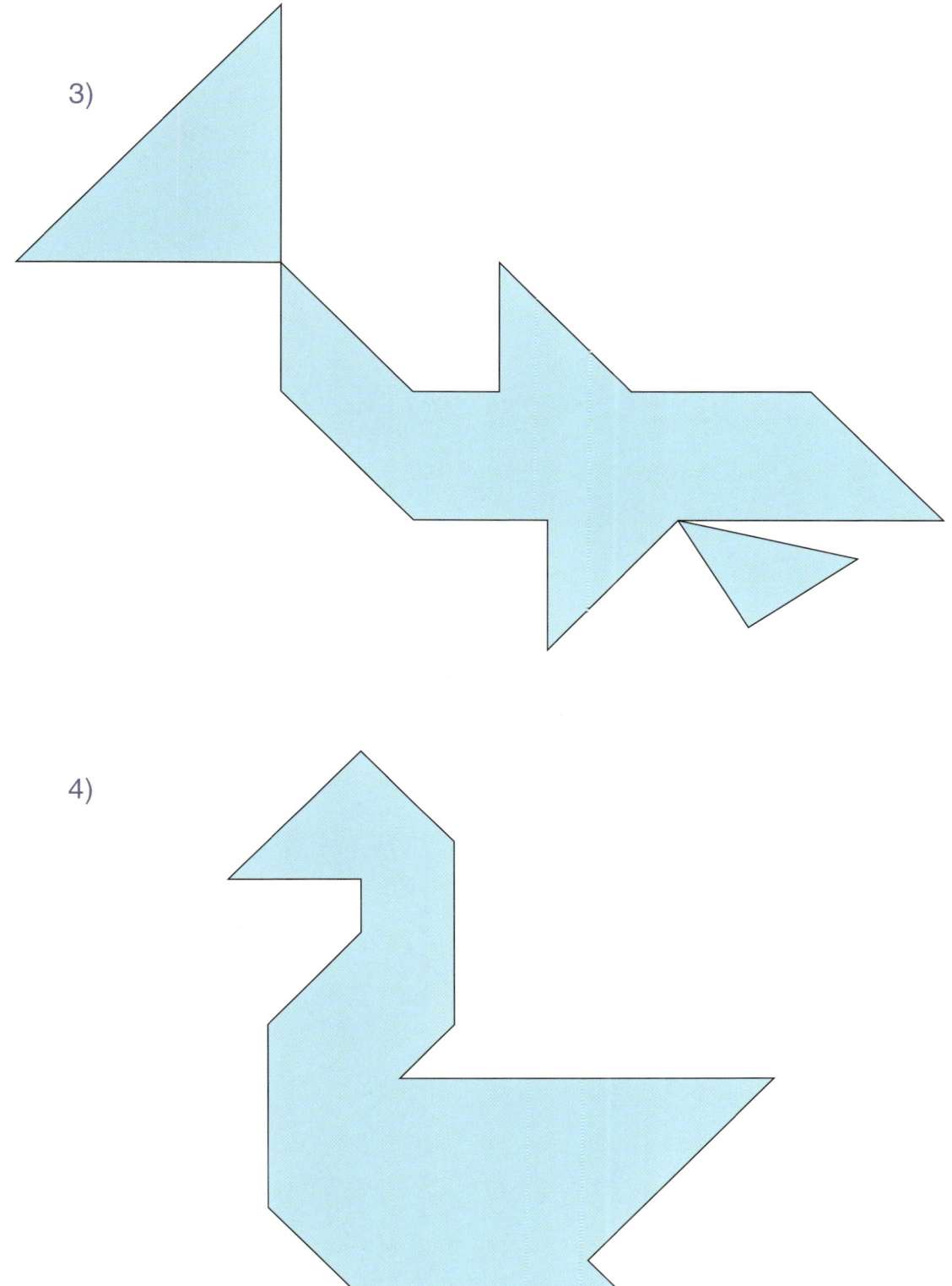

10. 모양 만들기 연습

5)

6)

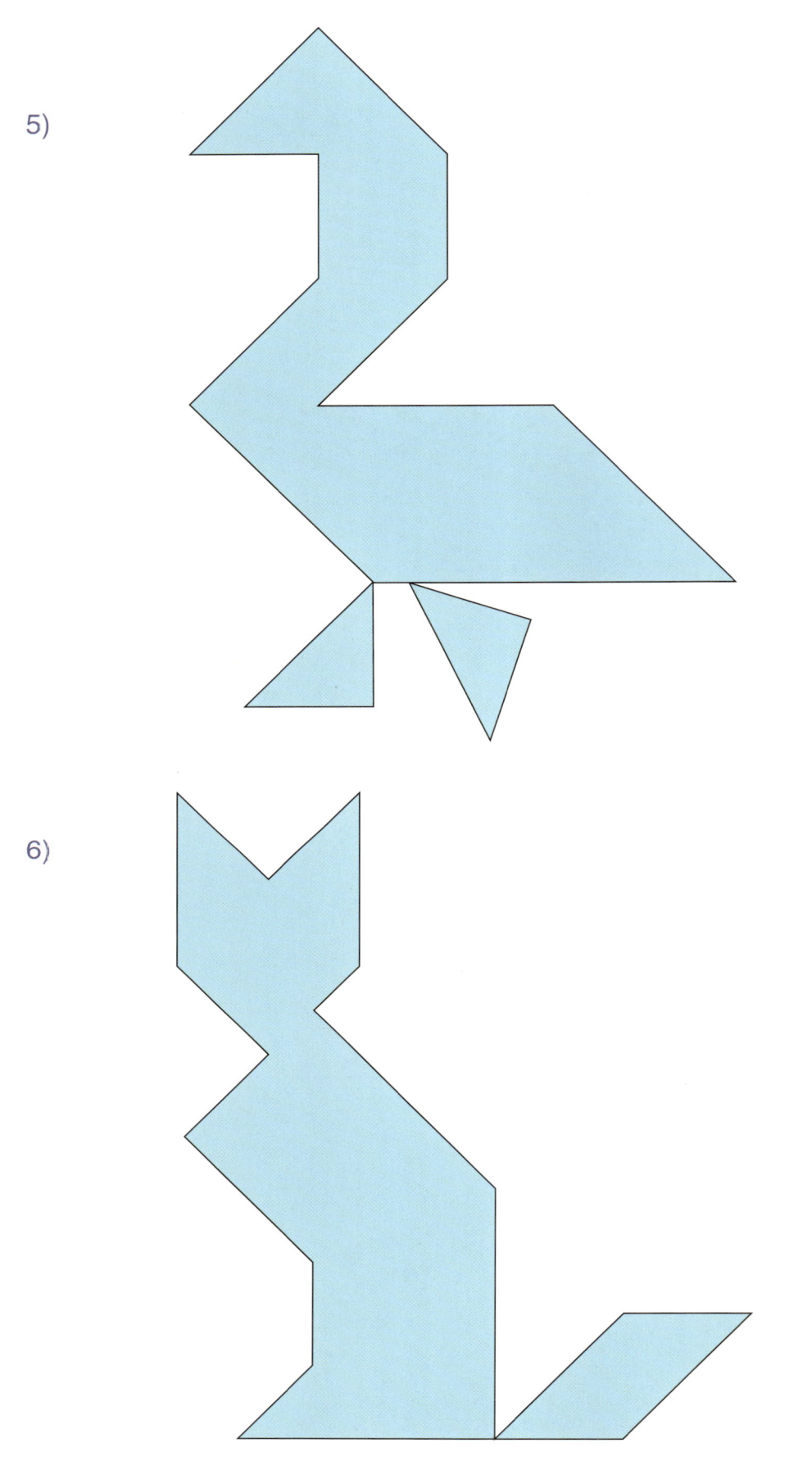

3-1 지혜모양판의 7조각들을 모두 사용해서 다음 그림과 같은 모양을 맞추어 봅시다.

1)

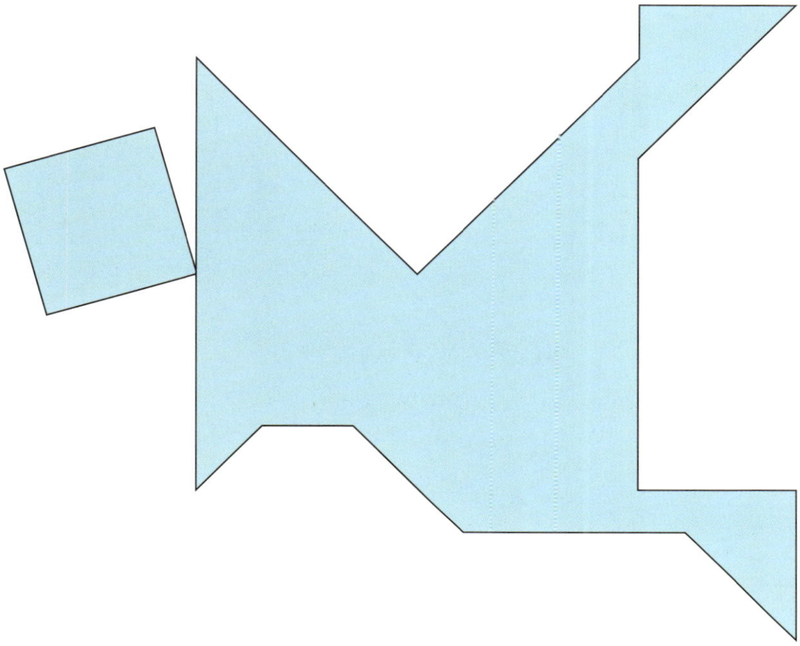

2)

3)

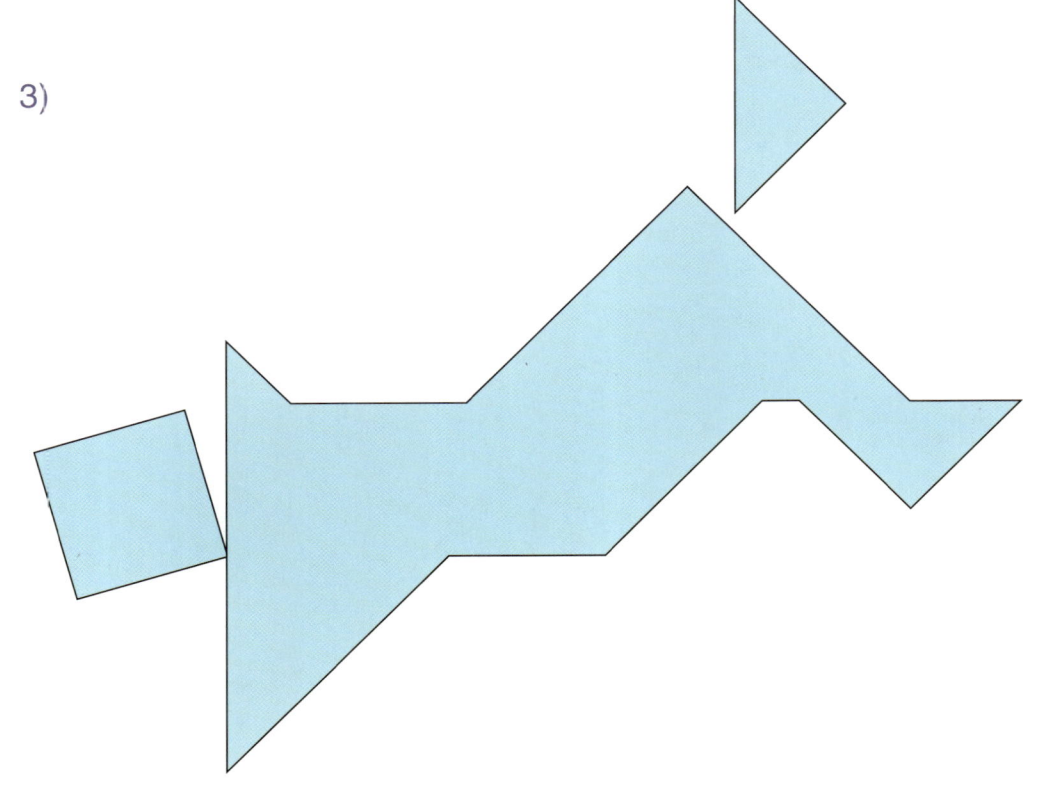

4)

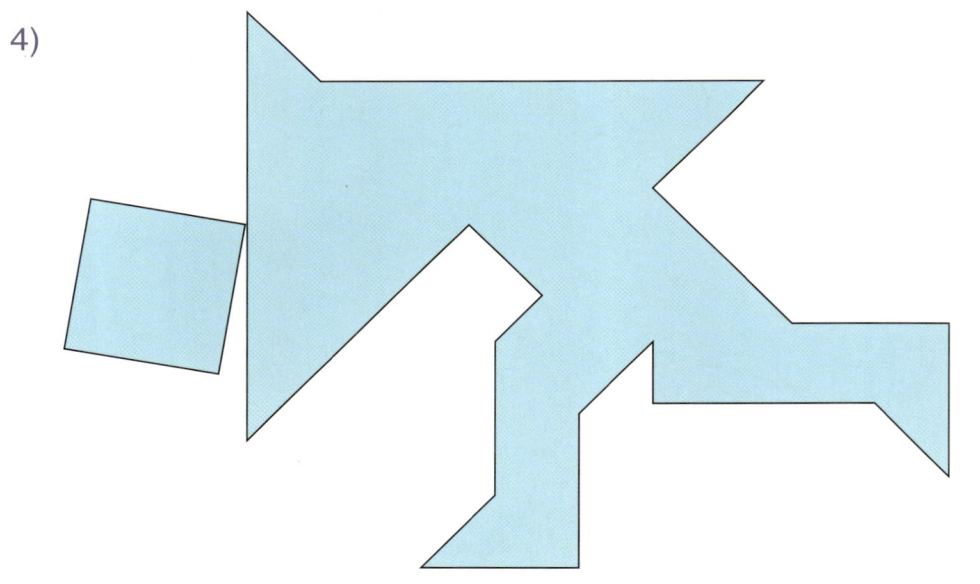

5)

6)

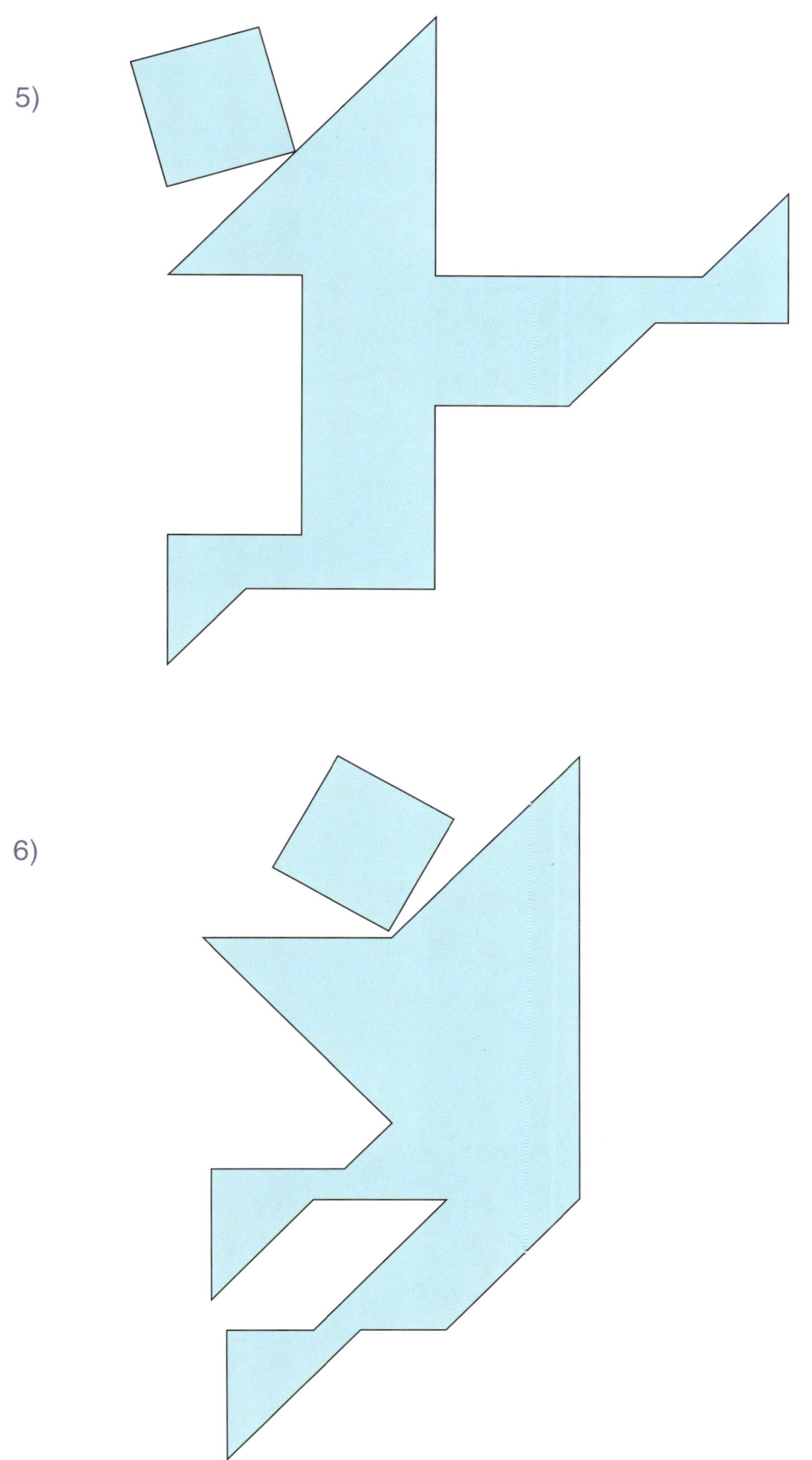

10. 모양 만들기 연습

7)

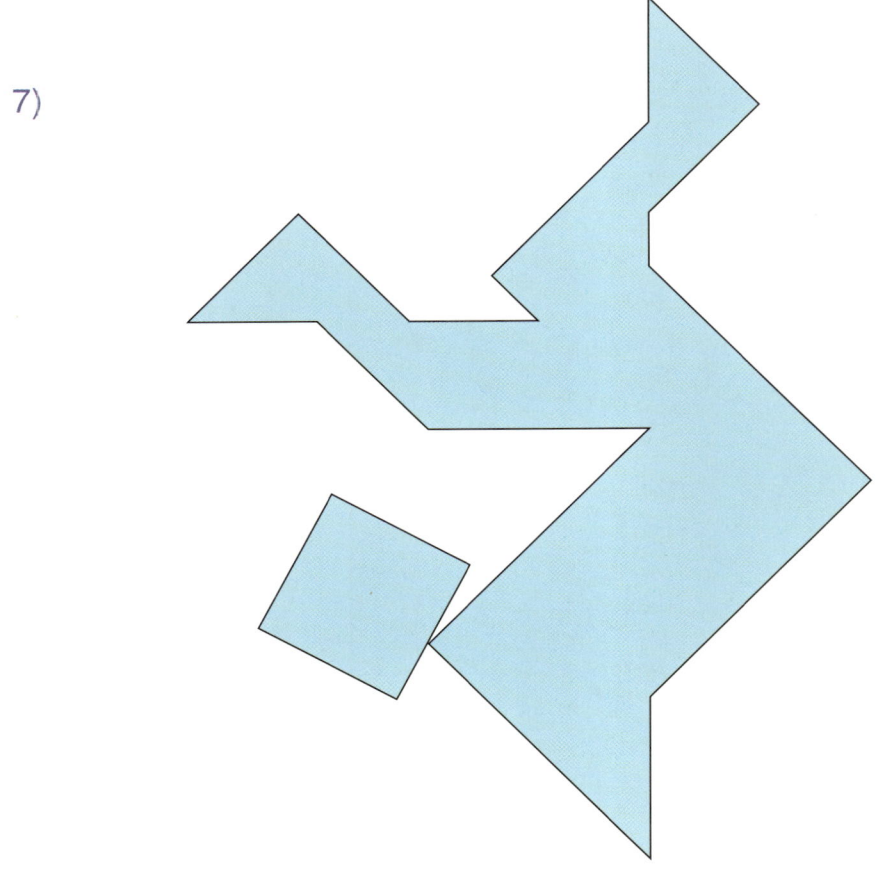

8)

9)

10)

10. 모양 만들기 연습 87

11)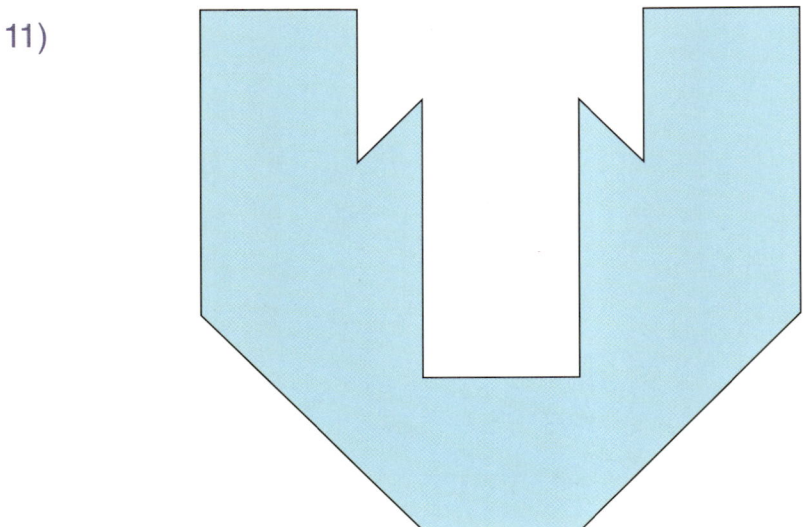

12)

13)

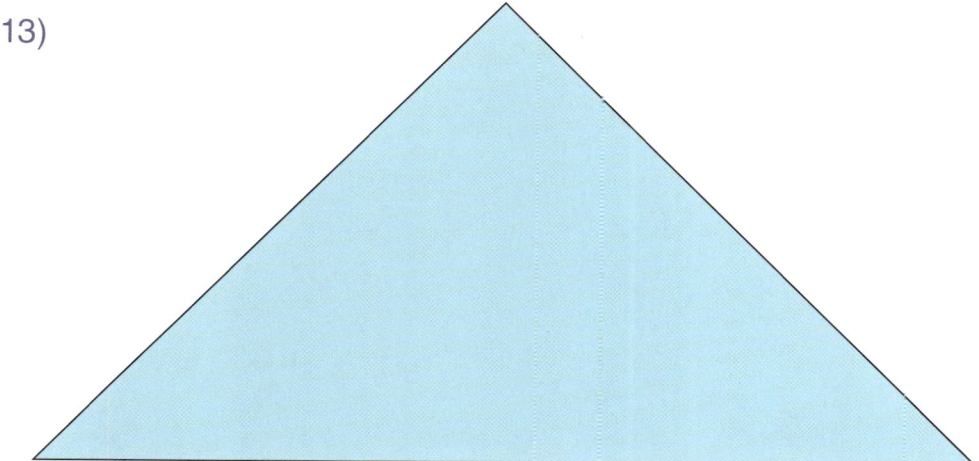

종합연습 및 2단계 평가문제

1 다음 사물들의 공통된 특징을 찾아보고, 이 사물들의 집합에 속할 수 있는 것을 더 생각해 봅시다.

1) 연필, 가위, 풀, 색종이
   ① 공통된 특징:(   )
   ② 이 집합에 속하는 것:(   ), (   ), (   )

2) 영국, 미국, 프랑스, 독일
   ① 공통된 특징:(   )
   ② 이 집합에 속하는 것:(   ), (   ), (   )

3) 메뚜기, 잠자리, 파리, 말벌
   ① 공통된 특징:(   )
   ② 이 집합에 속하는 것:(   ), (   ), (   )

2 다음에 주어진 것들을 집합별로 분류해 봅시다.

1)

> 큰북, 피아노, 바이올린, 캐스터네츠, 트라이앵글, 멜로디언, 오르간

   ① 집합 1:리듬악기={   }
   ② 집합 2:가락악기={   }

2)

> 축구, 야구, 레슬링, 권투, 골프, 양궁, 수영, 핸드볼

   ① 집합 1:공을 갖고 하는 운동={   }
   ② 집합 2:공 없이 하는 운동={   }

3)

| 텔레비전, 전자렌지, 롤러스케이트, 주전자. 전기난로, 휴지통 |

① 집합 1:전기를 이용하는 물건={   }
② 집합 2:전기 없이 사용되는 물건={   }

4)

| 책, 동전, 트라이앵글, 창문, 호떡, 삼각자, 카드, 접시, 달 |

① 집합 1:세모 모양={   }
② 집합 2:네모 모양={   }
③ 집합 3:동그라미 모양={   }

5)

| 개, 햄스터, 펭귄, 이구아나, 고양이, 표범, 상어 |

① 집합 1:집에서 키우는 동물={   }
② 집합 2:집에서 키울 수 없는 동물={   }

3 다음 도형들을 자세히 관찰하고 차원에 따라서 분류해 봅시다.

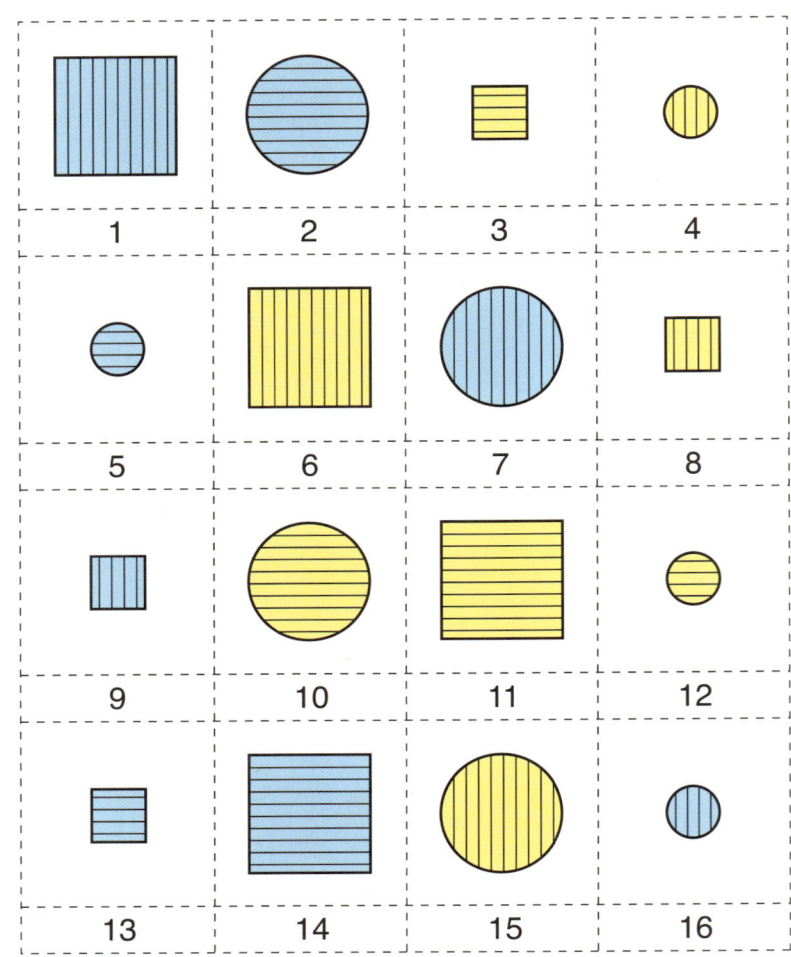

1) 위 도형들을 다음과 같은 차원에 따라서 분류하고, 번호를 적어 넣으세요.

차원	집합 1	집합 2
모양	네모:	동그라미:
크기	크다:	작다:
색깔	하늘색:	노란색:
안쪽 무늬	가로무늬:	세로무늬:

94 종합연습 및 2단계 평가문제

2) 위 도형들을 아래에 위계적으로 분류하고 번호를 적어 넣으세요.

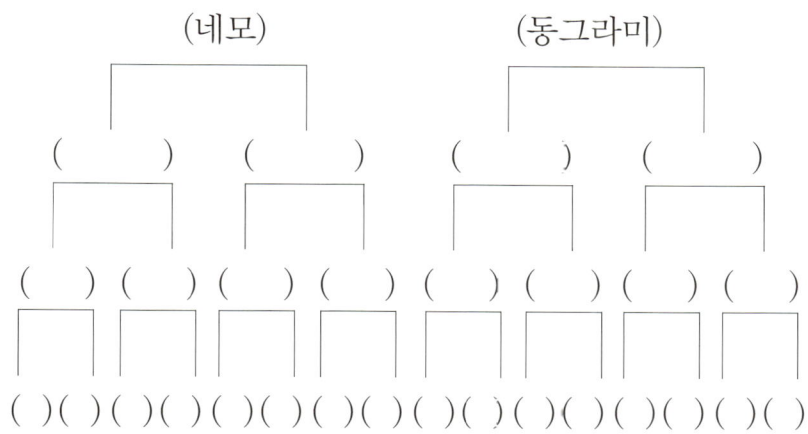

4 1) 아래에 표를 그려 가며 1에서 16까지의 숫자 중에서 숫자 알아맞히기 스무고개 놀이를 합니다.

2) 1에서 16 사이의 숫자를 맞히려고 한다면, 가장 빨리 맞힌 사람은 몇 번의 질문만으로 맞힐 수 있을까요?

5 다음의 두 관계는 어떤 차원에서 서로 같은 관계에 있을까요?

> 강아지:다리
> 자동차:바퀴

- 차원: _____

6 다음의 두 관계는 서로 같은 관계에 있습니다. 괄호 안에 들어갈 낱말은 무엇인가요?

> 포도나무:포도
> 닭:( )

① 수탉　② 씨앗　③ 달걀　④ 날개

7 다음의 숫자들은 유비의 관계에 있습니다. 네 번째 네모 안에는 어떤 숫자가 들어갈 수 있을까요?

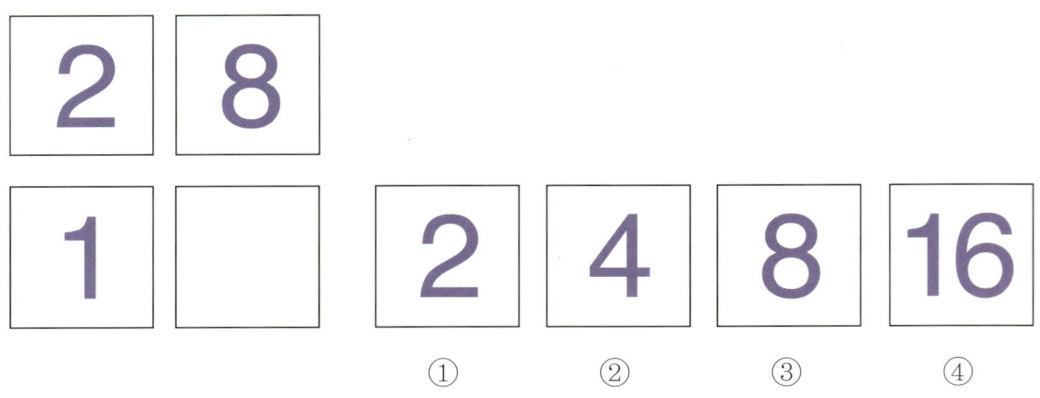

8 다음의 도형들은 유비의 관계에 있습니다. 네 번째 네모 안에는 어떤 것이 들어갈 수 있을까요?

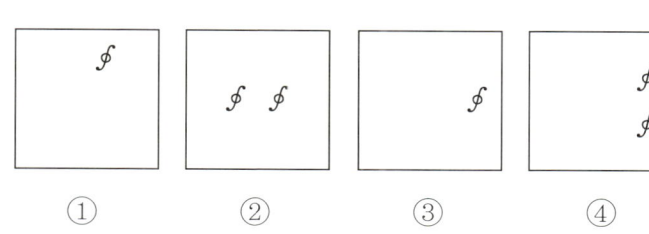

① ② ③ ④

9 주어진 세 도형을 잘 살펴보고, 네 번째 칸에 들어갈 도형을 빈칸에 그려 보세요.

1)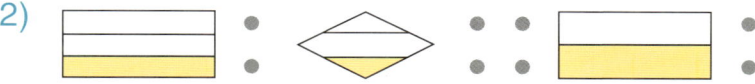

2)

3)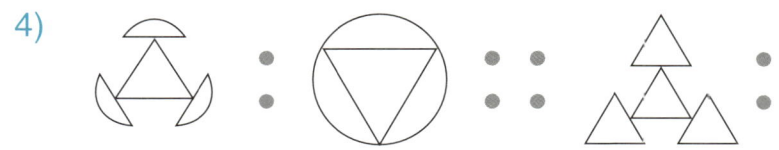

4)

10 주어진 숫자를 잘 살펴보고 괄호 안에 들어갈 숫자를 써 넣으세요.

1) $12 : 6 :: 16 : (\ )$

2) $3 : 6 : 12 :: 5 : 10 : (\ )$

2단계 평가문제

1 다음에 있는 것들을 아래의 질문에 따라서 분류해 보세요.

> 쌀, 점퍼, 아파트, 치마, 빵, 기와집
> 바지, 김치, 초가집, 셔츠, 과일

1) 위에 있는 것들을 세 개의 집합으로 나누어 보세요.
   ① 〈집합 1〉={   }
   ② 〈집합 2〉={   }
   ③ 〈집합 3〉={   }

2) 이 집합들의 이름을 적어 보세요.
   ① 〈집합 1〉: _____
   ② 〈집합 2〉: _____
   ③ 〈집합 3〉: _____

2 다음에 있는 것들을 아래의 질문에 따라서 분류해 보세요.

> 독수리, 비행기, 붕어, 미꾸라지, 승용차, 자전거, 군함, 잠수함
> 강아지, 고양이, 헬리콥터, 참새, 잠자리, 고래, 생쥐, 기차

1) 위에 있는 것들을 두 개의 큰 집합으로 분류하면, 집합의 이름은 각각 무엇이라고 할 수 있나요?
   ① 〈집합 1〉: _____, {   }
   ② 〈집합 2〉: _____, {   }

2) 〈집합 1〉과 〈집합 2〉를 각각 다시 세 개의 작은 집합으로 분류해 보세요.
   ① 〈집합 1-1〉={   }
   ② 〈집합 1-2〉={   }
   ③ 〈집합 1-3〉={   }

98 종합연습 및 2단계 평가문제

④ 〈집합 2-1〉={   }

⑤ 〈집합 2-2〉={   }

⑥ 〈집합 2-3〉={   }

3   〈닭〉과 〈오리〉의 다른 점을 다음과 같은 차원에 따라서 구분해 보세요.

차원	〈닭〉의 특징	〈오리〉의 특징
울음소리		
헤엄치기		
부리의 모양		

4   아래의 표는 〈토마토〉와 〈오이〉의 다른 점을 어떤 차원에서 구분하고 있는지 적어 보세요.

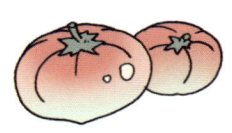 

차원	〈토마토〉의 특징	〈오이〉의 특징
	빨강	초록
	둥글다	길쭉하다
	말랑말랑하다	딱딱하다

5 〈승용차〉와 〈버스〉의 다른 점을 세 가지 차원에 따라서 적어 보세요.

차원	〈승용차〉의 특징	〈버스〉의 특징

6 다음의 두 관계는 어떤 차원에서 서로 같은 관계에 있을까요?

> 꺼병이 : 꿩
> 병아리 : 닭

· 차원: _____

7 다음의 두 낱말 쌍은 서로 같은 관계에 있습니다. 괄호 안에 들어갈 낱말은 무엇인가요?

> 귀 : 귀걸이
> 팔 : (   )

① 반지   ② 팔찌   ③ 장갑   ④ 소매

8 다음의 도형들은 유비의 관계에 있습니다. 네 번째 네모 안에는 어떤 숫자가 들어갈 수 있을까요?

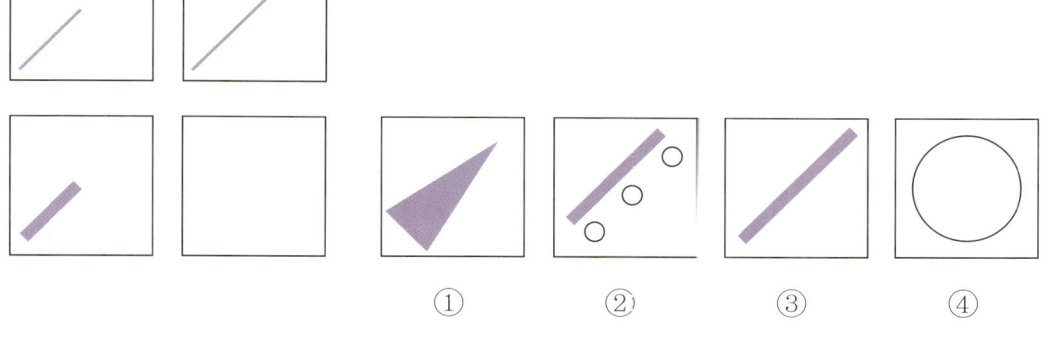

9 다음의 도형들은 유비의 관계에 있습니다. 네 번째 네모 안에는 어떤 도형이 들어갈 수 있을까요?

10. 다음 그림들을 관찰하고 수평으로(→) 또는 수직으로(↓) 어떤 관계가 반복되는지 생각해 봅시다.

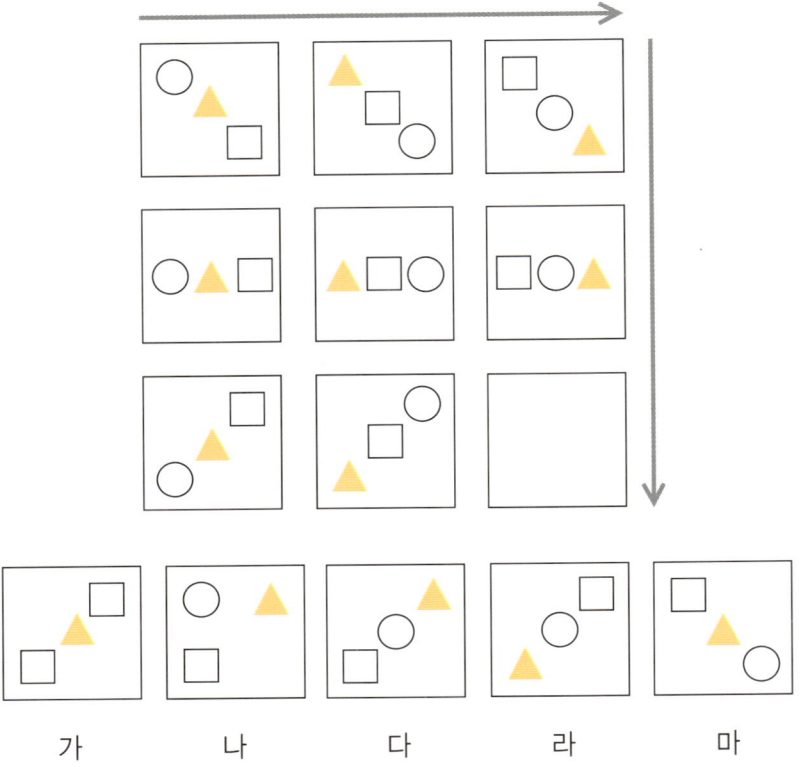

1) 이 도형들은 수평으로(→) 어떻게 변화되고 있나요?
   변화의 차원은 무엇인가요?

2) 이 도형들은 수직으로(↓) 어떻게 변화되고 있나요?
   변화의 차원은 무엇인가요?

3) 맨 마지막 네모 안에는 어떤 도형이 들어가야 할까요?

11 주어진 세 도형을 잘 살펴보고, 네 번째 칸에는 무엇이 들어가야 할지 생각해 보세요. 그림을 그려 넣거나 숫자를 써 넣어 보세요.

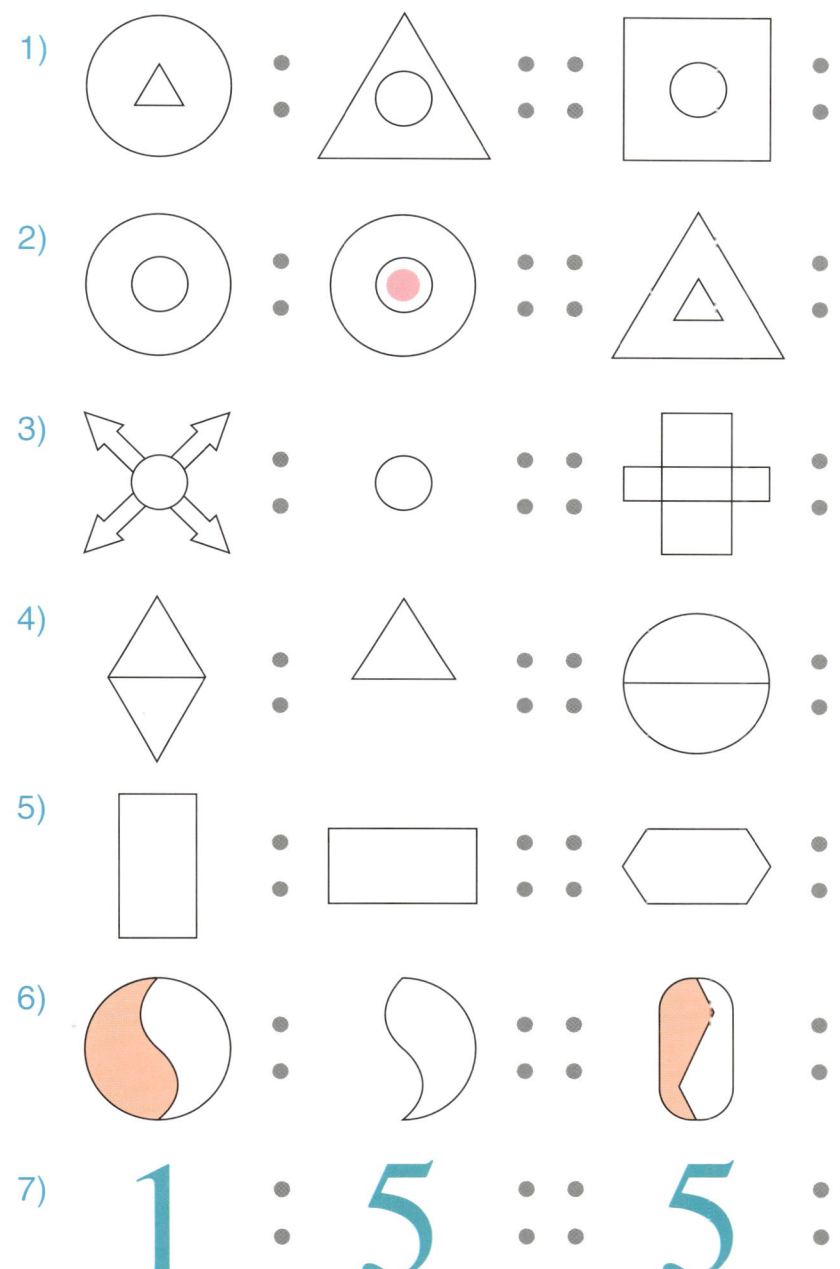

12 다음 표에 나와 있는 16가지의 운동 이름을 가지고 스무고개 놀이를 하려고 합니다. 운동 이름이 무엇인지 알아맞히려면 최소한 몇 번의 질문을 해야 할까요?

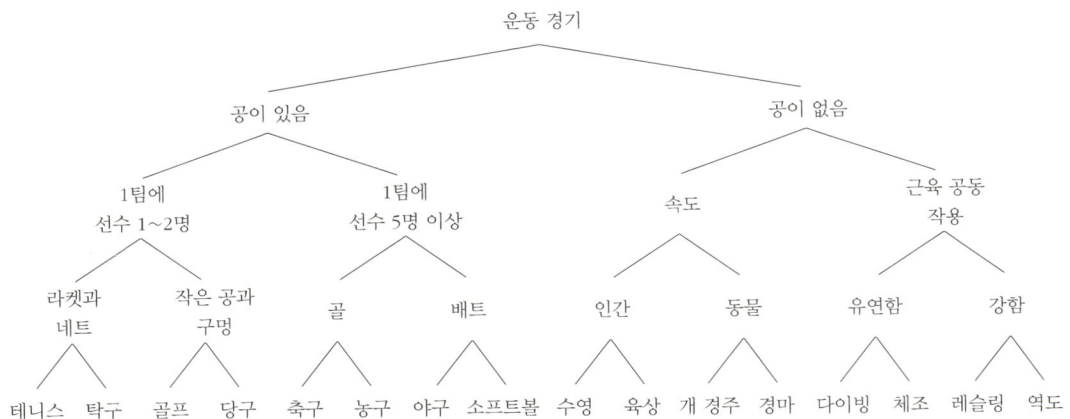

13 32개의 축구팀이 축구시합을 하려고 합니다. 결승전에 올라가서 우승을 하려면 몇 번의 시합을 해야만 하나요? ( )

1	2	3	4	5	6	7	8	9	10	11	12	13	14	15	16	17	18	19	20	21	22	23	24	25	26	27	28	29	30	31	32

※지혜모양판 7조각을 사용하여 다음과 같은 모양을 만들어 보세요.

14

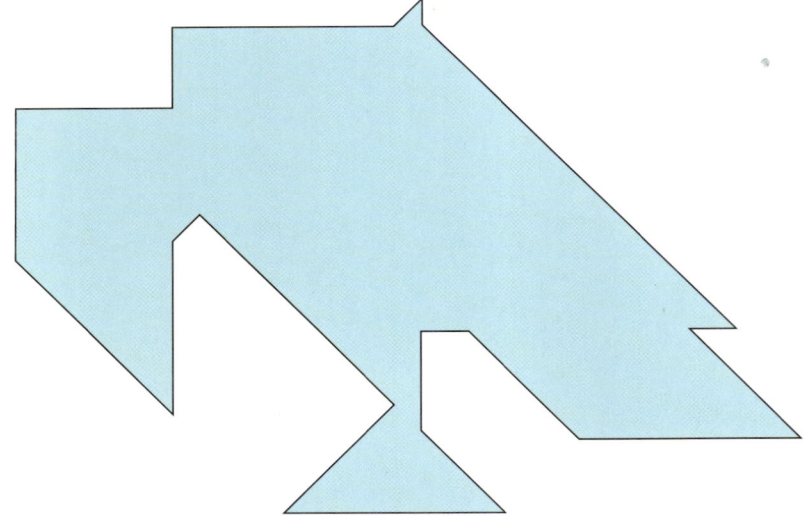

15

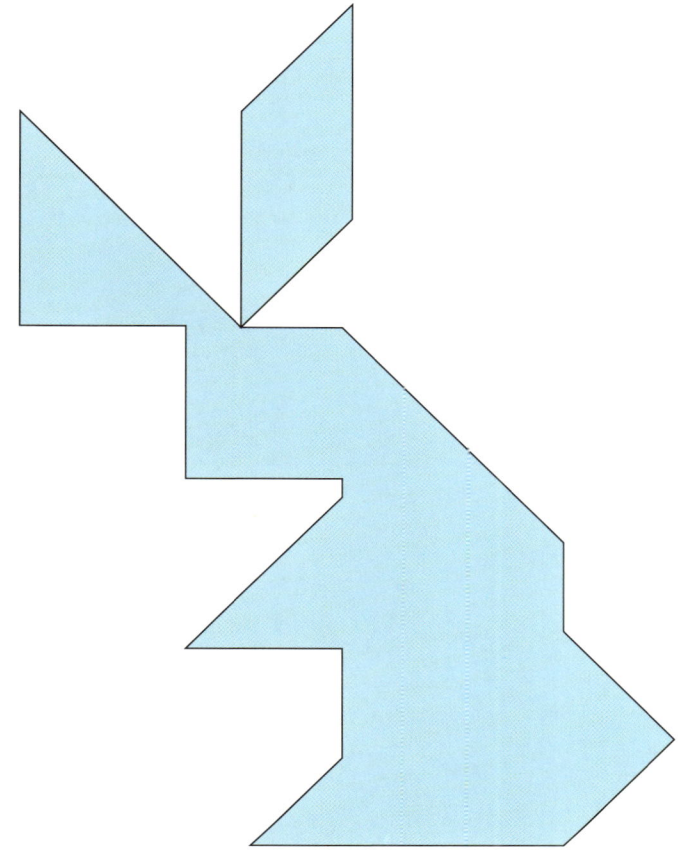

16

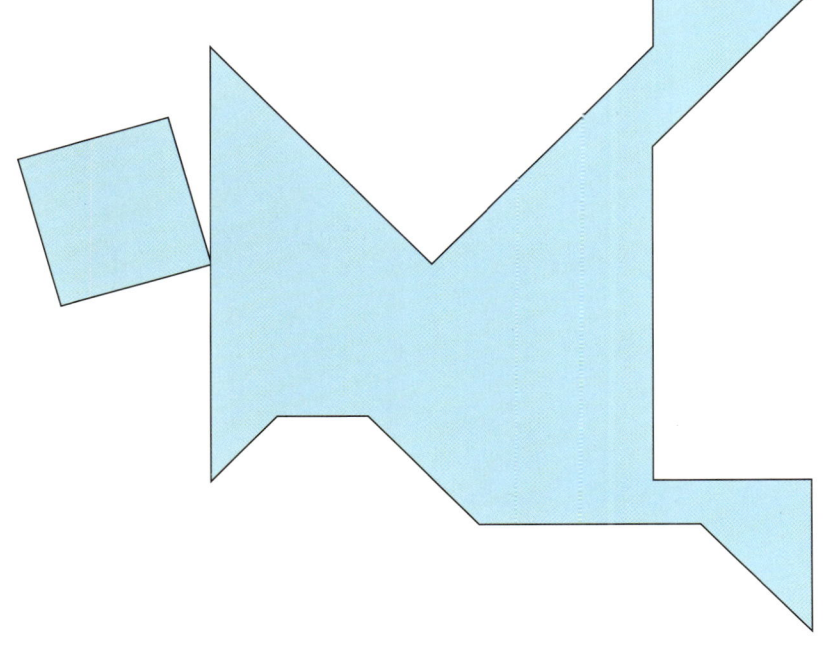

17

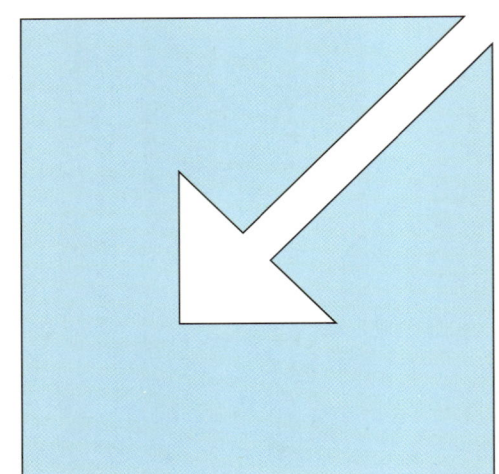

18

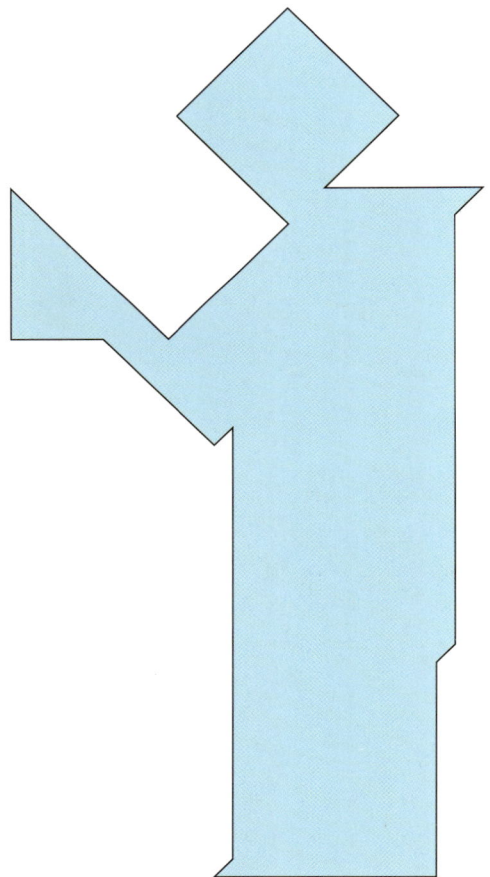

19

20 다음은 〈개의 종류〉라는 책의 차례를 뒤섞어 놓은 것입니다. 괄호 안에 들어갈 내용을 찾아서 적어 보세요.

> 장모종(털이 긴 종류), 대형견, 중형견, 애완용견, 단모종(털이 짧은 종류)
> 목양견(양몰이 개), 수렵견(동물 사냥개), 소형견

1) 크기에 따른 종류   ① (　　　　　　　　　)
                               ② (　　　　　　　　　)
                               ③ (　　　　　　　　　)

2) 털 길이에 따른 종류 ① (　　　　　　　　　)
                               ② (　　　　　　　　　)

3) 용도에 따른 종류   ① (　　　　　　　　　)
                               ② (　　　　　　　　　)
                               ③ (　　　　　　　　　)

해답 및 학습지도안

I. 분류하기

1. 분류한 것을 또 분류하기

위계적 분류법을 이용하여 도형들을 분류함으로써, 이 방법을 이용하면 한 가지 이상의 차원에서 서로 다른 사물들을 유용하게 분류할 수 있음을 이해시킨다.

▷ 1학년 때 학습한 기초적인 분류의 개념보다 한 차원 높은 위계적 분류(hierarchical classification)에 관하여 다루고 있다. 한번 분류한 것을 또다시 분류해 나가는 방법을 터득함으로써 보다 복잡하고 난해한 문제 상황을 해결할 수 있는 능력을 갖게 될 것이다.

'위계적 분류'라는 용어는 이해가 어려울 것으로 판단되어 '분류한 것을 또 분류하기'라는 용어로 풀어서 썼다.

첫 번째 생각여행 8~9쪽

▶ "여러분은 1단계에서 배운 집합이라는 낱말을 기억하나요? 코의 집합을 예로 들어 생각해 볼까요? 사람들의 코는 조금씩 모양이 다릅니다. 어떤 사람의 코는 뾰족하고, 어떤 사람의 코는 납작하고, 어떤 사람의 코는 뭉뚝합니다. 그러나 우리는 사람들의 코마다 각기 다른 이름을 붙이지는 않습니다. 코의 모양이 어떻든 간에 숨을 쉬고, 냄새를 맡는데 사용되는 것은 모두 코라고 합니다. 즉, 그런 것들은 모두 '코의 집합'에 속하는 것들이지요. 이제 집합이란 무엇을 가리키는지 말해 볼 수 있겠지요?"

1-1

1) ① 하나 이상의 중요한 특징을 공통적으로 갖고 있는 집단이다.
   ② 서로 닮은 점이 하나 이상 있는 것들을 모아 놓은 것이다.
   ③ 그 집합만이 갖고 있는 특징을 가지고 있어야 한다.

2) 서울의 집합, 화가 피카소의 집합

▷ 이 문제는 모든 낱말이 다 집합을 나타내는 것은 아니라는 점을 상기시켜 주기 위한 문제이다. 여기서는 '고유명사'는 집합이 아니라는 점만 알게 하고 넘어가면 된다.

1-2

1) {운동화, 슬리퍼, 샌들, 실내화, 축구화, 장화, 구두, 짚신…}

2) 발을 보호하기 위해서, 걷기 편하도록 하기 위해서 발에 신는다.

1-3

1) {축구공, 배구공, 야구공, 골프공, 볼링공, 탁구공, 테니스공…}
2) 둥글게 생겼으며 운동경기나 놀이에 사용되는 것이다.

첫 번째 생각여행 10~12쪽

▷ 교재 11페이지에 있는 도형 그림을 점선을 따라 가위로 오리게 한다.

2-1

1) 크기, 색깔, 속무늬

▷ 차원(dimension)은 1단계에서 이미 배운 용어이다. "어떤 차원에서 분류할 수 있을까?"라는 질문을 학생들이 잘 이해하지 못하면, "어떤 기준에 의해서 이 도형들을 나누어 볼 수 있겠는가?"라든지, "이 도형들을 어떤 점에서 서로 같거나 다르다고 할 수 있는가?"라는 질문을 다시 해 본다.

2)

①

차원	집합 1	집합 2
테두리 모양	세모(삼각형) 8개	네모(사각형) 8개

②

차원	집합 3	집합 4
크기	큰 것 8개	작은 것 8개

③

차원	집합 5	집합 6
색깔	노란색 8개	초록색 8개

④

차원	집합 7	집합 8
속무늬	톱무늬 8개	가리비 무늬 8개

▷이 분류 방식 하나하나만을 가지고는 각 도형을 충분히 설명할 수 없다. 도형들이 갖고 있는 특성 가운데 한 가지 특성만을 보여 주고 있기 때문이다. 이러한 분류 방식으로는 각 도형의 특징을 제대로 드러내지 못한다는 점을 깨닫게 한다.

▶(도형 그림 중에서 하나를 손으로 들어 보이며 다음과 같은 질문을 해 본다.) "이 도형이 속하는 집합은 어떤 것인가요? 이 도형의 특성을 가장 잘 설명해 주는 집합은 어떤 것인가요?"

세 번째 생각여행 13~14쪽

▷앞에서 분류한 방식이 단일 차원에 따른 분류라면, 여기에서의 분류 방식은 복합적인 차원에서의 분류라고 할 수 있다.

3-1

1) ① 삼각형, 8개 ② 사각형, 8개
2) 삼각형, 노란색 4개, 초록색 4개

▷학생들의 발표를 들어 가면서, 칠판 또는 OHP를 이용하여 문제의 표를 완성해 나가면 좋을 것이다.

3) 색깔:노란색, 초록색
   크기:크다, 작다, 크다, 작다
   속무늬:톱니, 가리비, 톱니, 가리비, 톱니, 가리비, 톱니, 가리비
4) 색깔:노란색, 초록색
   크기:크다, 작다, 크다, 작다
   속무늬:톱니, 가리비, 톱니, 가리비, 톱니, 가리비, 톱니, 가리비

▷여기에서 큰 집합(삼각형/사각형)의 아래에 있는 여러 층의 집합들을 부분집합이라고 할 수 있다. 이때에 '부분'이라는 말은 '~의 안에 속한다'라는 뜻으로서, 분류 체계 내에서 부분집합을 만들 때 사용한 그 집합 안에 속한다는 뜻이다. 이 점을 학생들에게 이해시킬 필요가 있다.

3-2

1) 큰 사각형 안에 톱니 속무늬가 있는 도형으로서 색깔은 노란색이다.

▷앞 문제에서 작성한 분류체계표의 맨 아래에 있는 부분집합(1~16번)에서부터 가지를 하나씩 따라서 올라가면서 따져 보게 한다. 가지가 하나씩 올라갈 때마다 특징이 하나씩 첨가된다는 점을 강조한다.

2) 속무늬가 가리비 모양이고, 사각형 테두리, 초록색 도형이다.
3) 답 생략

▷도형의 번호를 말하면, 학생들이 해당되는 도형을 하나씩 손으로 들어 보이게 한다. 거꾸로 도형을 하나씩 집어서 보이고 학생들이 그 도형의 번호를 말하게 해도 좋을 것이다.

생각연습 5쪽

4-1

1) 청바지에 노란 티셔츠, 하얀 모자와 하얀 운동화 차림이다.
2) 청바지에 빨간 티셔츠, 초록 모자와 검정 운동화 차림이다.

I. 분류하기

2. 체계 있게 분류하기

위계적 분류 방법을 활용하여 책 제목이나 책 내용을 분류하는 연습을 하게 된다. 이 수업을 통해서 위계적 분류 방법이 다양하게 활용될 수 있음을 알게 될 것이다.

첫 번째 생각여행 16~19쪽

▷1과에서 학습했던 것을 상기하면서, 주어진 대상들을 집합으로 나누고, 또다시 그 집합 안에서 부분집합들을 분류해 나가는 활동을 하도록 되어 있다.

1-1

1) ① 동물, {1, 2, 4, 6, 7, 8} ② 식물, {3, 5, 9, 10, 11, 12}

2) ① 곤충, {1, 6} ② 새, {2, 4} ③ 물고기, {7, 8}
④ 풀꽃, {3, 5} ⑤ 채소, {9, 11} ⑥ 나무, {10, 12}

▷ 학생들에게 오려진 제목들을 분류하여 순서대로 책상 위에 늘어놓게 한다.

두 번째 생각여행 20~21쪽

▷ 위계적 분류를 이용하면, 전체적인 책의 내용을 구성하는 기본 틀을 만들 수 있다. 다음의 활동은 위계적 분류에 의해서 만들어진 책의 내용을, 다시 그 위계적 분류를 이용하여 원래대로 목차를 구성하는 활동이다.

2-1

1) 교통수단/사람들이 타고 다니는 것/탈것
2) 책의 제목: 여러 가지 교통수단

   큰 단원: 7, 9, 12

   작은 단원: 2, 3, 6, 8/1, 5, 10/4, 11, 13

2-2

1) 봄에 10kg씩 뿌리겠다.
2) 가장 적은 양으로도 감자가 썩지 않았기 때문이다.

▷ 이처럼 위계적 분류 방법은 실험과 연구를 하는 데에도 유용하게 사용된다. 이외에도 위계적 분류는 우리의 생활에서도 여러 가지로 이용된다.

생각연습 22~23쪽

3-1

▶ "먼저 '양배추'와 '양배추 없음'으로 나누어 보세요."
"그 각각의 경우에 '케첩'과 '케첩 없음'으로 나눠 보세요."
"이와 같은 방식으로 '양파'와 '양파 없음', '소스'와 '소스 없음'으로 분류해 나가세요."
"전부 몇 가지의 햄버거가 만들어졌나요?"
▷ 위의 분류의 힌트를 따를 필요는 없다. 즉, '소스'와 '소스 없음'으로 분류를 시작할 수도 있다.

이런 방식으로 분류가 다 끝나면, 맨 아래층에는 모두 16가지의 부분집합이 만들어진다.

이제 앞에서 했던 대로 맨 아래에서부터 가지를 따라서 위로 올라가면, 하나씩 다른 특성들이 첨가되면서 각각의 햄버거의 특성이 드러난다는 점을 학생들에게 이해시켜 준다.

완성된 표를 칠판에 그리거나 OHP로 보여 주고(맨 아래에 각각의 고유의 번호를 부여한다), 특정 번호를 가리키면서 다음과 같이 질문한다.

"7번에 해당하는 햄버거는 어떤 종류의 햄버거인가요?"

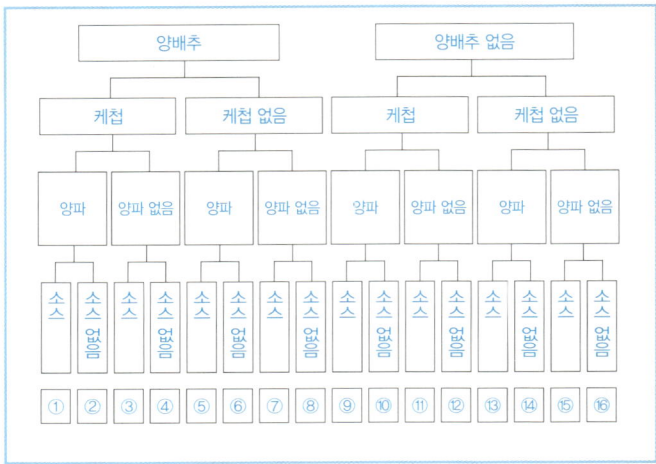

3-2

1)

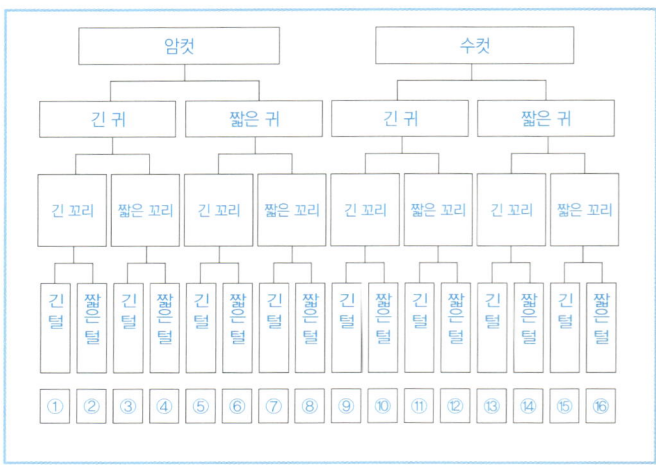

2) 귀가 길고, 꼬리가 길며, 털이 긴 암컷 강아지

Ⅰ. 분류하기

3. 스무고개 놀이

알고 싶은 것을 발견해 내기 위해서 부족한 정보를 바탕으로 위계적 분류의 방법을 이용하는 것에 대해서 배우게 된다.

첫 번째 생각여행 24쪽

▷ 분류표를 이용하지 않고 숫자를 알아맞히는 활동을 하게 된다. 여기에서 숫자를 얼마나 빨리 맞히는가 여부는 아주 우연적인 것이다.

1-1
답 생략

두 번째 생각여행 25~26쪽

▷ 앞에서는 그저 우연적으로 숫자 알아맞히기를 했다면, 여기에서는 분류표를 이용해서 좀 더 체계적으로, 그리고 최소한의 질문만으로 문제 해결에 도달할 수 있는 방법을 배우게 된다.

2-1

1) 답 생략

▶ "아까와 달리 이번에는 분류표를 이용해서 숫자를 알아맞혀 보세요. 분류표의 맨 위에서부터 시작해서 아래까지 차례대로 질문을 하되, 앞에서와 같이 그 숫자를 보이지 않게 종이에 적고 놀이를 시작합니다. 준비가 되었으면, 분류표의 맨 위에 있는 질문을 보세요. (1과 8 사이의 숫자입니까? 9와 16 사이의 숫자입니까?) 이 질문 중에서 하나를 선택해서 해 보세요."

"지금 우리는 단 한번의 질문으로 숫자의 절반을 없앨 수 있었습니다. 이런 방식으로 두 번째 질문을 해 보세요."

2) 4번

▶ "이 분류표에서는 질문 단계가 네 번 있습니다. 왜냐하면 한 가지 숫자를 얻기까지 16을 반으로 네 번 나누어야 하기 때문입니다." (16÷2=8, 8÷2=4, 4÷2=2, 2÷2=1)

2-2

1)

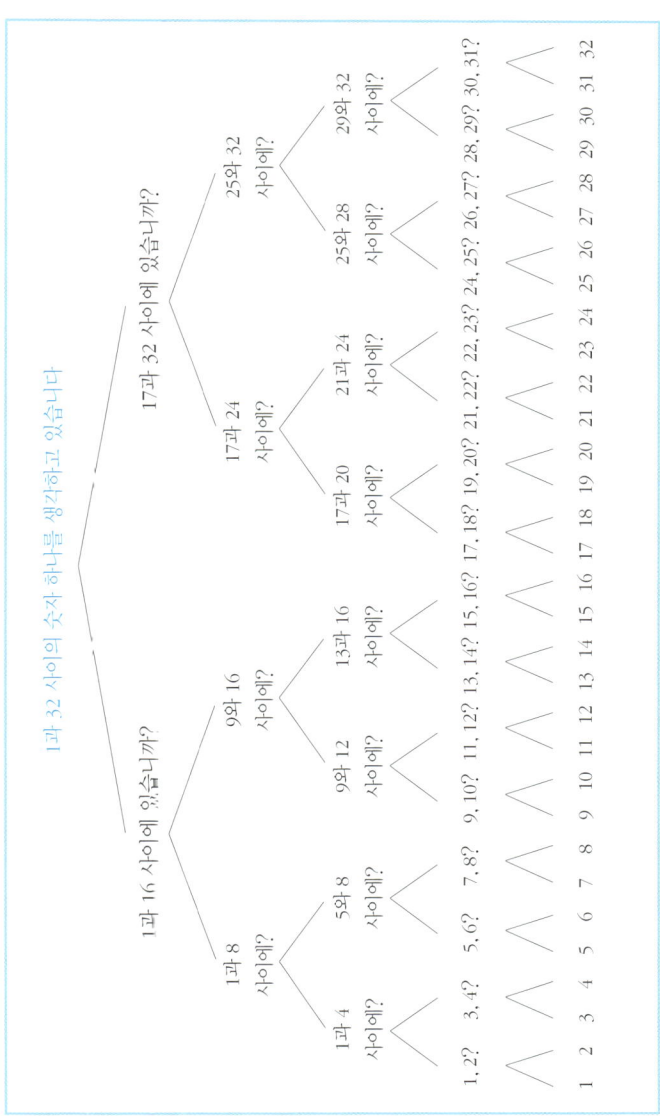

2) 5번

세 번째 생각여행 27~28쪽

▷ 분류표를 이용한 숫자 알아맞히기를 다른 활동에도 적용해 보게 된다.

3-1

1) 답 생략

▶ "각 단계마다 운동 경기가 정확하게 두 집합으로 나누어져 있습니다. 그 운동 경기 중에서 한 가지를 생각하고, 친구들에게 그것을 알아맞혀 보게 하는 것입니다. 그것이 무엇인지 찾아내기 위해서 필요한 질문의 수는 몇 개나 될까요?"

2) 4번

▶ "운동 경기의 수가 16가지이기 때문에, 앞에서 1~16의 숫자 알아맞히기의 경우처럼 4번 만에 알아맞힐 수 있다는 것을 알게 되었지요?"

3-2

1)

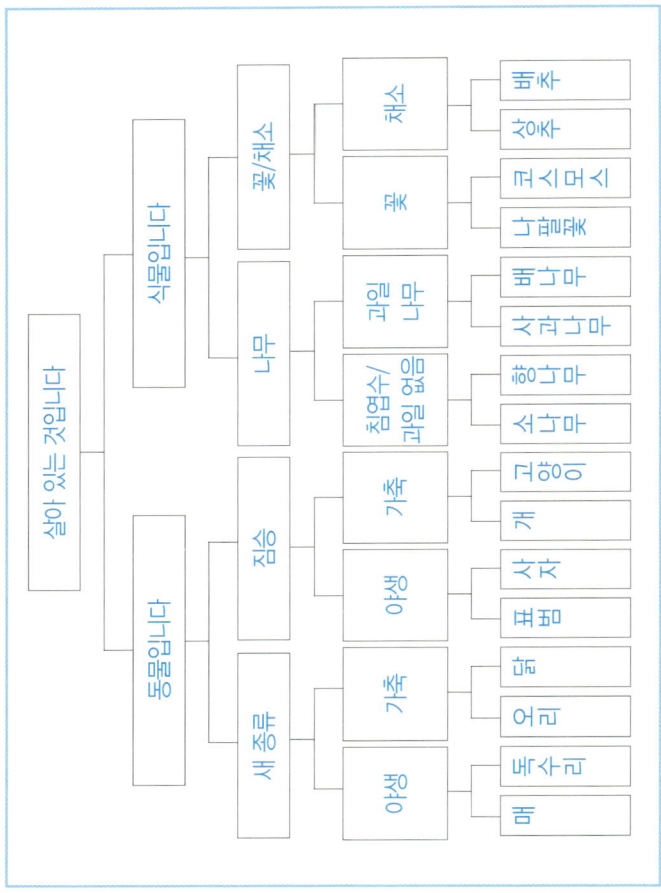

2) 답 생략

생각연습 29~30쪽

4-1

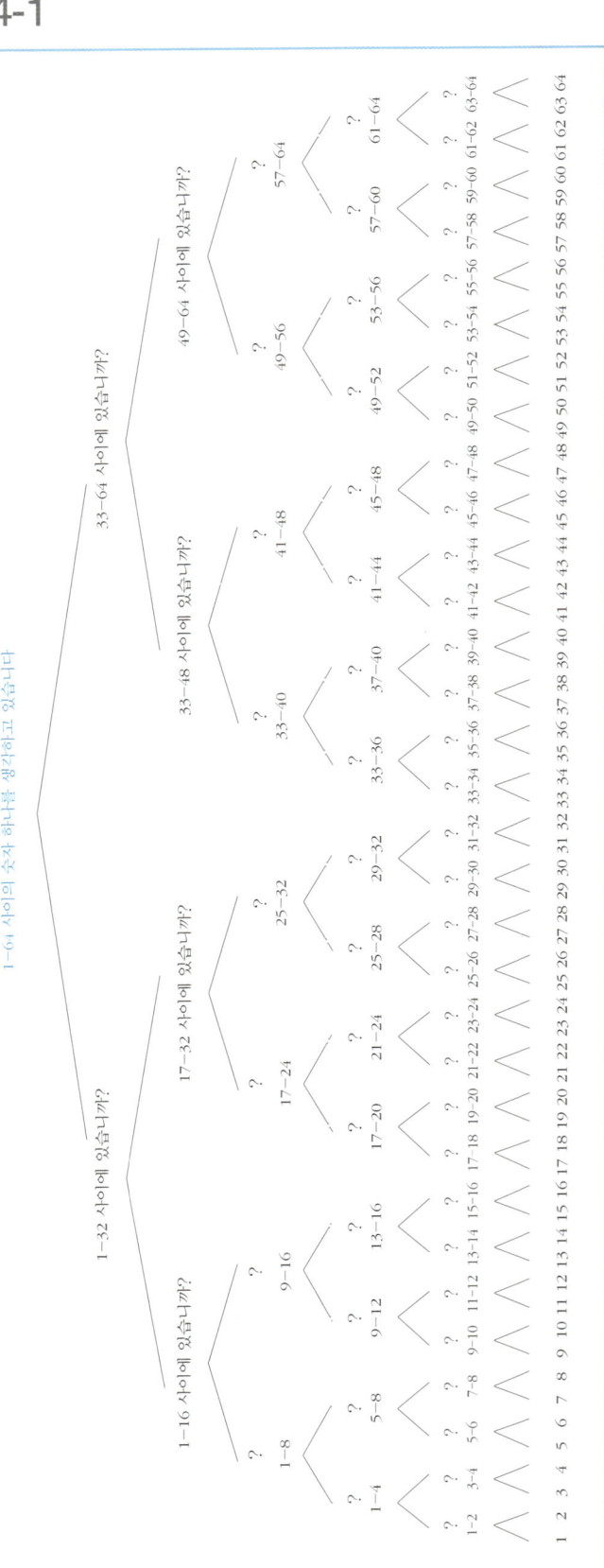

4-2

▷ 앞에서는, 낼 수 있는 문제가 한정되었으나, 여기에서는 알아맞혀야 할 대상이 미리 한정된 것이 아니라, 본래의 스무고개 놀이처럼 무엇이든지 대상이 될 수 있다.

알아맞혀야 할 대상이 무한하게 주어졌을 때, 질문을 효율적으로 하려면 어떻게 해야 할지 생각해 보게 한다.

시간이 충분하다면, 모든 학생이 한번쯤은 술래가 되어 다른 학생들의 질문에 대답을 해 보는 기회를 갖게 해 준다.

▷ 〈스무고개 놀이에서 좋은 질문의 예〉

"네가 생각하고 있는 것은 살아 있는 것이니?"

이 질문은 매우 일반적인 질문이면서, 또한 가능성의 집합을 살아 있는 것과 살아 있지 않은 것의 두 가지로 분류해 주기 때문에 좋은 질문이 된다. 만약, 그 질문에 대한 대답이 살아 있는 것이라면, 다음과 같이 질문할 수 있다.

"그것은 동물이니?"

이 질문은 살아 있는 것에 대한 일반적인 질문으로서 동물과 식물이라는 두 가지 가능성의 집합으로 분류해 준다.

▷ 스무고개 놀이는 신중하게 선택된 20개의 질문을 통해서 100만 개 이상의 많은 가능성들 중에서 답을 결정해 낼 수 있는 놀이이며, 위계적 분류의 원리를 잘 활용하여 행해지는 놀이이다.

Ⅱ. 추리하기

4. 유비추론

유비추론(analogy)은 사물들이 서로 어떤 관계를 맺고 있는지 비교함으로써 낱말의 쌍이나 사물의 쌍 속에서 반복되는 관계를 찾아내는 추론이다. 여기서는 추상적인 그림들 가운데에서 유비적 관계를 찾아내고 설명하는 방법을 배우게 된다.

첫 번째 생각여행 32쪽

▶ "오늘 공부할 것은 유비추론입니다. 유비추론이라는 말이 어렵게 생각되나요? 그러면 이 말을 잘 생각해 보세요. '소의 새끼는 송아지이고 말의 새끼는 망아지이다. 아빠는 남자이고 엄마는 여자이다' 여러분은 이런 것쯤은 다 알고 있지요? 만약 그렇다면 여러분은 이미 유비추론을 했다고 할 수 있습니다. 유비추론은 사물들이 서로 어떻게 관계를 맺고 있는지를 비교하는 과정입니다. 정확한 유비추론은 모든 사고 활동 중에서도 으뜸가는 사고 활동입니다. 그러므로 유비추론을 잘못 하게 되면 잘못된 이해를 하게 되는 것이지요. 먼저, 유비추론과 관련된 몇 가지 문제를 풀어 볼까요?"

1-1

▶ "우리는 지난번에 분류에 관한 학습을 하면서 한 집단 안에 있는 도형들이 서로 어떻게 관련되어 있는지를 알아보았습니다. 그리고 변화의 연속성에 관한 학습에서는 사물이나 도형의 집단이 다양한 방법으로 순서가 정해져 있음을 배웠습니다. 다음의 몇 가지 학습을 통해서는 사물들이 서로 관련되는 방법들을 찾아보도록 합니다."

▷ 각 낱말 쌍에서 첫 번째 요소와 두 번째 요소 사이의 '크기 관계'가 비슷함을 찾는 문제이다. 첫 번째는 큰 것에 관해서, 두 번째는 작은 것에 관해서 말하고 있다.

1) 크기(의 크고 작음)

▶ "코끼리, 개미, 거인, 난쟁이 등은 모두 크기의 차원에서 공통적으로 갖는 어떤 특징이 있나요? 그리고 이것들은 변화의 연속성을 갖고 있나요? 여기에서는 각 낱말 쌍에서, 첫 번째와 두 번째 요소 사이의 크기 관계가 비슷하다는 것을 말하고 있습니다. 즉, 첫 번째는 좀 더 큰 것에 대해서, 두 번째는 더 작은 것에 대해서 말하고 있는 것이지요. 그리고 첫 줄의 낱말 쌍 사이의 관계가 두 번째 줄의 낱말 쌍에서도 반복되고 있는 것입니다. 이처럼 여러 낱말 쌍에서 되풀이되는 관계를 유비라고 합니다. 계속해서 살펴볼까요?"

2) 어미와 새끼

3) 교통수단과 그것이 운행되는 곳

두 번째 생각여행 33~36쪽

2-1
③

2-2
②

▶ "이제부터는 도형들 사이에 맺고 있는 유비 관계를 찾아내는 공부를 해 볼까요? 도형들의 쌍 사이에 어떤 관계들이 반복되는지 알아보세요."

2-3
1) 다

▶ "이 문제를 자세히 살펴볼까요? 윗줄에 있는 네모 안에는 어떤 도형이 들어 있나요? (앞에 있는 네모에는 큰 원이 들어 있고, 뒤에 있는 네모 안에는 작은 원이 들어 있습니다.)"

"이제, 아랫줄에 있는 네모 중에서, 첫 번째 네모에는 삼각형이 들어 있고, 다른 네모에는 아무것도 없네요. 큰 원과 작은 원의 관계가 왼쪽 삼각형과 오른쪽 도형의 관계와 유비 관계가 되려면, 오른쪽 네모 안에 어떤 도형이 들어가야 할까요? (작은 삼각형입니다.)"

"그렇습니다. 큰 원이 작은 원에 관련된 것은 큰 삼각형이 작은 삼각형에 관련된 방법과 같아야 유비가 이루어집니다. 이때 유비를 이루는 차원은 무엇인가요? (크기입니다.)"

"같은 방법으로 다른 문제들도 해결해 보세요."

2) 나

▶ "윗줄 네모 안에 있는 두 개의 작은 사각형과 조금 더 큰 두 개의 사각형과의 관계는, 아랫줄의 네모 안에 있는 두 개의 작은 타원과 조금 더 큰 타원의 관계와 같습니다. 이 경우에도 차원은 첫 번째 문제와 같이 '크기'입니다."

3) 라
4) 가

생각연습 36~39쪽

3-1
발

3-2
1) 다
2) 라
3) 다
4) 나
5) 다
6) 나

Ⅱ. 추리하기

5. 요소들 사이의 관계

유비추론이 갖는 쌍방적 관계(bidirectional relationship)의 특성을 파악하는 활동을 하고, 그 쌍방적 관계의 성질을 이용하여 유비 문제의 답이 정확한지 판단하는 연습을 하게 된다.

▶ "오늘은 유비추론을 이루는 요소들의 성질에 관하여 더 많이 공부하게 됩니다. 먼저 '할아버지와 할머니의 관계는 아버지와 어머니의 관계와 같다'라는 유비를 생각해 봅시다. 이 유비에서는 서로 짝지워진 요소들이 성질은 다르지만 연령층은 같습니다. 우리는 이 유비를 '할아버지와 아버지의 관계는 할머니와 어머니의 관계와 같다'고 바꾸어 말할 수도 있습니다. 서로 짝지어진 요소들이 연령층은 다르지만 성(남자/여자)이 서로 같게 연결되어 있습니다. 오늘 배울 유비추론의 문제들도 이와 같은 특성들을 갖고 있습니다."

첫 번째 생각여행 40~42쪽

1-1
▶ "앞에서 배운 유비추론의 구조를 잘 이해했다면, 문제에

나와 있는 낱말들 중에서 어느 것을 가리키더라도 여러분은 그 낱말이 무엇인지 추리해 낼 수 있어야만 합니다."

1) 낮과 밤
2) 밤과 낮
3) 밤과 달
4) 낮과 해

▷ 잘 만들어진 유비 관계는 쌍방적인 성질을 갖는다. 즉, 수평과 수직 어느 방향으로 진술하든 유비 관계가 성립하는 것이다.

1-2

1) 다
2) 크기

▷ 모양은 같고(원 또는 사각형), 크기에서 차이가 있다.

3) (큰 원)과 (작은 원)의 관계는 (큰 삼각형)과 (작은 삼각형)의 관계와 같다.

▷ '작은 원과 큰 원의 관계는 작은 삼각형과 큰 삼각형의 관계와 같다'고 표현해도 된다.

4) 모양
5) (큰 원)과 (큰 삼각형)의 관계는 (작은 원)과 (작은 삼각형)의 관계와 같다.

▷ '큰 삼각형과 큰 원의 관계는 작은 삼각형과 작은 원의 관계와 같다'고 표현해도 된다.

1-3

1) 나
2) 크기
3) (두 개의 작은 사각형)과 (두 개의 큰 사각형)의 관계는 (두 개의 작은 타원형)과 (두 개의 큰 타원형)의 관계와 같다.

▷ '작은 타원형과 큰 타원형의 관계는 작은 사각형과 큰 사각형의 관계와 같다'고 표현해도 된다.

4) 모양
5) (두 개의 작은 사각형)과 (두 개의 작은 타원형)의 관계는 (두 개의 큰 사각형)과 (두 개의 큰 타원형)의 관계와 같다.

▶ "문제의 그림에 수평으로 화살표를 그리고 '크기'라고 써 넣으세요. 또 수직 방향으로 화살표를 그리고 '모양'이라고 써 넣으세요. 이 유비 관계에서 '원소들의 수'는 어느 방향에서 보더라도 변하지 않으므로, 유비의 차원이 아닙니다."

두 번째 생각여행 43~44쪽

2-1

1) 라
2) 길이
3) 색깔(파란색이 분홍색으로)
4) 길이와 색깔

2-2

1) 다
2) 도형의 방향
3) 색깔
4) 방향과 색깔

생각연습 45~49쪽

3-1

1) 나

▷ 굵기와 방향이 바뀌었다.

2) 가

▷ 크기와 색깔과 위치가 바뀌었다.

3) 라

▷ 앞의 수보다 뒤의 수가 2만큼 크다/동그라미가 네모로 바뀌었다.

4) 라

▷ 도형의 개수가 2배로 되었다/동그라미가 네모로 바뀌고, 색깔이 바뀌었다.

5) 다

▷ 수평 방향으로 색깔이, 수직 방향으로 위치가 바뀌었다.

6) 라

▷ 수평 방향으로는 모양과 위치는 같으나 크기가 커졌다. 수직 방향으로는 위치가 반대 방향으로 되었다.

7) 나

▷ 수평 방향으로는 모양은 같으나 수가 많아졌다. 수직 방향으로는 모양이 바뀌었다.

8) 다

▷ 수평 방향으로는 굵기는 같으나 길이가 길어졌다. 수직 방향으로는 길이는 같으나 굵어졌다.

Ⅱ. 추리하기

6. 집단 유비추론

집단 유비추론(group analogy)은 앞에서 배운 단일 유비추론과 근본적으로는 동일하나, 보다 복잡하고 보다 많은 정보들이 통합되어 있다. 여기서는 쌍방적 3단 유비추론의 복잡한 문제들을 다루어 봄으로써 일반적인 유비추론의 구조를 확실하게 이해하고 활용하는 능력을 기른다.

▶ "이번 시간에도 지난 시간처럼 유비추론을 공부하게 됩니다. 그러나 지난 시간에는 두 그림의 쌍들 간에 맺고 있는 유비의 관계를 살펴보았지만, 오늘은 여러 그림들 사이에 들어 있는 유비 관계를 찾아내는 공부를 하게 됩니다. 처음에는 복잡해 보이겠지만, 잘 살펴보면 여러분들도 얼마든지 해결할 수 있을 것입니다. 그림들의 집단을 살펴보고, 그것들이 함께 지니고 있는 관계를 찾아내 봅시다."

▷ 집단 유비추론에 대해서도 수평적 관계와 수직적 관계를 모두 고려해야만 정확한 구조를 파악할 수 있다.

첫 번째 생각여행 50~51쪽

▷ 여기에서는 집단 유비추론 중에서 수평적 관계에서만 유비를 이루는 문제를 다루게 된다.

1-1
▶ "두 줄로 세 개씩의 네모가 있습니다. 두 번째 줄의 마지막 네모는 비어 있습니다. 우리가 할 일은 여기에 들어갈 그림을 생각해 내는 것입니다. 이 문제를 푸는 열쇠는 각 줄에 있는 세 개의 네모들이 규칙적인 변화를 일으켜야 하고, 이 규칙적인 변화는 두 줄에서 서로 유비를 이루어야 한다는 것입니다."

1) 흰색이 점차 줄어들고 분홍색이 점차 늘어나고 있다.
2) 마찬가지로 흰색이 줄어들고 분홍색이 늘어나고 있다.

▶ "위의 도형들이 유비를 이루려면, 첫 번째 줄에서의 규칙적인 변화와 두 번째 줄에서의 규칙적인 변화가 같아야 합니다. 두 번째 줄의 마지막 네모는 어떤 모양이 될 수 있을까요? 왜 그렇게 생각하나요?"

3)

1-2
1) 하나의 직사각형과 하나의 타원형이 번갈아 나타난다.
▷ 이 유비는 '교대적 변화'를 그 특징으로 한다.
2) 두 개의 타원형과 두 개의 직사각형이 번갈아 나타나야 하므로, '가'가 와야 한다.

▶ "두 번째 줄의 규칙적인 변화는 첫 번째 줄의 규칙적인 변화와 유비를 이루어야 합니다. 즉, 교대적인 변화가 되어야 합니다."

두 번째 생각여행 52~54쪽

▷ 여기에서는 수평적 관계뿐만 아니라 수직적 관계에서도 유비가 적용된 경우를 살펴보게 된다.

▶ "다음에 있는 문제들은 그림들이 세 줄로 되어 있어서 복잡해 보이지만, 앞에서 다룬 문제들과 같은 것들입니다. 다시 말해서, 각 줄의 규칙적인 변화가 서로 유비를 이루어야 한다는 점에서는 다를 것이 없습니다."

2-1
▶ "수평에서 변화 차원은 '크기'이므로 각 줄에 있는 보라색 원들은 점점 커져야 합니다. 또 줄의 순서대로 원의 수가 늘어나고 있으므로 수직 방향에서 변하는 차원은 '개수'입니다. 그러므로 셋째 줄 마지막 네모 안에는 세 개의 원이 들어가야 합니다. 각 방향으로 중요한 차원을 나타내도록 화살표에

이름을 붙이세요. 수평적인 변화를 나타내는 차원은 '크기'이고, 수직적인 변화를 나타내는 차원은 '개수'이지요."

1) 보라색 원이 점차 커진다/크기
2) 보라색 원의 수가 많아진다/수

2-2

1) 도형의 순서가 바뀌고 있다/순서
2) 도형이 늘어선 방향이 바뀌고 있다/방향
3) 다

▶ "이 문제는 좀 어려웠나요? 수평 방향의 변화의 차원과 수직 방향의 변화의 차원을 파악하지 못하면 해결하기 힘들었을지 모르지만, 우리는 수평 방향과 수직 방향의 변화하는 차원을 생각함으로써 문제를 쉽게 해결할 수 있었지요."

2-3

1) 색깔과 삼각형의 방향이 바뀜/색깔과 방향
2) 삼각형의 수가 늘어나고 있다/수
3) 다

생각연습 55~59쪽

3-1

1) 큰 직사각형과 작은 타원의 위치가 번갈아 바뀌고 있다/위치
2) 모양이 바뀌고 있다/모양
3) 마

3-2

1) 선의 길이가 점점 줄어들고 있다/선의 길이
2) 선의 모양이 변하고 있다/모양
3) 마

3-3

1) 색깔과 방향이 바뀌고 있다/색깔과 방향
2) 모양이 바뀌고 있다/모양
3) 다

3-4

1) 네모 안에서 작은 사각형들이 늘어선 순서가 바뀌고 있다/순서
2) 네모 안에서 작은 사각형들이 늘어선 순서가 바뀌고 있다/순서 (수평적 변호와 반대 방향으로)
3) 다

3-5

1) 삼각형의 위치가 바뀌고 있다/위치
2) 삼각형의 수가 늘어나고 있다/개수
3) 가

Ⅱ. 추리하기

7. 유비추론 완성하기

이미 익힌 유비 관계를 바탕으로, 주어진 도형 중에서 생략된 도형을 직접 생각하여 만들어 내는 활동을 하게 된다.

첫 번째 생각여행 60~61쪽

1-1

1) 모양은 같으나 크기가 다르다.
▷ 수평적 관계가 무엇인지 묻는 질문이다. 두 도형은 '크기' 차원에서 다를 뿐이다.
2) 모양은 같으나 크기가 다른 도형이 와야 한다.
3) 모양은 다르나, 안쪽에 세 개의 줄이 그어져 있다.

▷ 이 질문은 수직적 관계가 무엇인지 묻는 것이다. 두 도형은 '모양'의 차원에서 다르다.

4)

▷ 수평적으로는 모양이 같아야 하고, 수직적으로는 크기가 같아야 한다. 학생들에게 직접 그려 넣도록 한다.

두 번째 생각여행 61쪽

2-1

1) 3은 1의 3배이다.
2) 6은 2의 3배이다.
3) 6은 3의 2배이다.
4) 2는 1의 2배이다.

▶ "수평적으로는 두 쌍 모두 첫 번째 숫자와 두 번째 숫자의 관계에서 일치합니다. 수직적으로는 두 쌍의 첫 번째 숫자 사이의 관계와 두 번째 숫자 사이의 관계에서 일치합니다."

▷ 이것을 3:1::6:2으로 나타낼 수도 있다. 여기서 ::(이중콜론) 표시는 "~와 똑같은 방식이다"는 뜻이다. 위의 경우에는, "1에 대한 3의 관계는 2에 대한 6의 관계와 똑같은 방식이다"는 뜻이다.

▶ "같은 방법으로 계속해서 다음의 문제들을 해결해 보세요. 문제에 제시된 도형이나 그림들을 자세히 관찰하여 생략된 도형이나 그림들을 그리면 유비는 완성됩니다."

생각연습 62~64쪽

3-1

1) 안팎의 도형이 위치를 바꾼다.

2) 가운데에 분홍색 작은 도형이 하나 더 들어간다.

3) 바깥에 있는 날개들을 없앤다.

4) 아래의 반을 없앤다.

5) 초록색 부분만 남긴다.

6) 90도 회전시킨다.

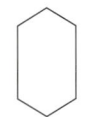

7) 흰 부분만 남긴다.

8) 가운데 부분을 없앤다.

9) 흰 부분의 아래 반을 없앤다.

10) 세 개의 똑같은 도형을 옆으로 세운다.

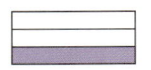

11) 2등분 도형을 3부분으로 나누고, 맨 아래만 보라색으로 채운다.

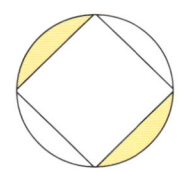

12) 안팎의 도형의 위치를 바꾼다.

13) 안쪽의 도형을 거꾸로 하고, 세 조각을 각 모서리에 붙인다.

14) 아래쪽의 선분만 남긴다.

3-2

1) 4는 2의 2배이고, 8은 (4)의 2배이다.
2) 3은 1의 3배이고, 9는 (3)의 3배이다.
3) 1은 4의 1/4이고, 4는 (16)의 1/4이다.

Ⅲ. 그림 퍼즐을 통한 추리

8. 지혜모양판 만들기

여기서 사용하게 되는 그림 퍼즐은 일곱 조각의 지혜모양판(tangram)이다.

▶ "오늘부터 공부하게 될 지혜모양판은 옛날 중국에서 사용한 탱그램이라는 그림 퍼즐을 가리킵니다. 이 지혜모양판은 일곱 조각, 즉 다섯 개의 삼각형과 한 개의 정사각형, 그리고 한 개의 평행사변형으로 되어 있지요. 이 일곱 개의 조각으로 여러 가지 재미있는 모양을 만들 수 있습니다."

첫 번째 생각여행 66~68쪽

1-1

1)
▷ 지혜모양판 조각들 중에서 정사각형을 찾아서 책상 위에 놓게 한다. 그런 다음, 두 개의 작은 삼각형을 꺼내서 정사각형과 똑같은 모양을 만들어 보게 한다.

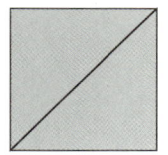

▶ "조각들 중에서 정사각형을 꺼내어 책상 위에 놓으세요. 그런 다음, 두 개의 작은 삼각형을 꺼내 정사각형과 정확하게 똑같은 모양이 되게 만드는 모양을 생각해 보세요. 모양을 제대로 만들기 어려울 때는 조각들을 뒤집거나 돌려 봅니다."

2)
▷ 조각 중에서 중간 크기의 삼각형을 꺼내 놓게 한다. 작은 삼각형 두개를 이용하여 중간 크기의 삼각형을 만들게 한다.

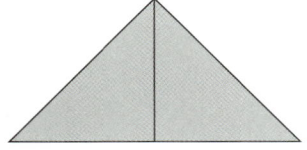

3)

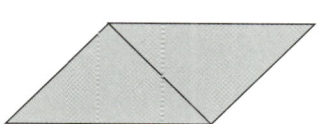

▶ "지금 우리는 정사각형을 만든 다음, 중간 크기의 삼각형과 평행사변형도 만들어 보았습니다. 이런 모양을 만드는 데에 어떤 조각들을 사용했나요? (작은 삼각형 두 개입니다.) 차이가 있다면 이 두 삼각형을 배열하는 방법이었습니다."

▷ 이제 두 개의 작은 삼각형과 하나의 평행사변형을 사용해서 다양한 모양의 도형을 만들어 보는 활동을 하게 된다.

두 번째 생각여행 69~70쪽

▶ "두 개의 삼각형을 사용해서 몇 가지 모양을 만들었듯이, 우리는 두 개 이상의 조각들을 사용하여 새로운 모양들을 아주 많이 만들 수 있습니다."

2-1

1)

2)

3)

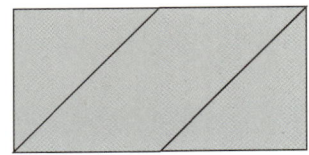

▶ "앞의 문제들에서 사용했던 것과 똑같은 조각들이지만, 이번에는 직사각형을 만드는 것입니다. 평행사변형과 두 개의 작은 삼각형을 사용하여 직사각형을 만들어 보세요."

4)

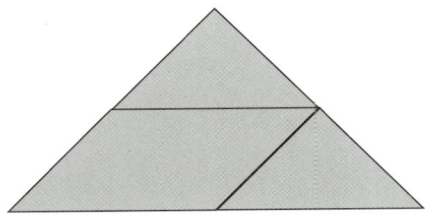

▶ "이번에도 마찬가지로, 평행사변형과 작은 삼각형 두 개만 사용하여 큰 삼각형을 만들어 보세요."

▶ "계속해서 평행사변형과 두 개의 작은 삼각형을 사용하여 다음과 같은 모양들을 만들어 보세요."

5)

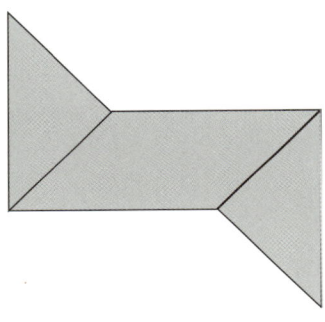

6)

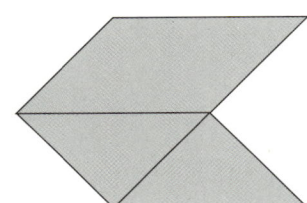

7)

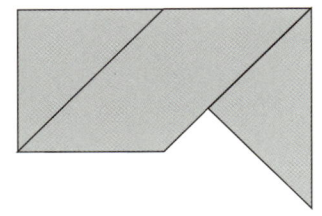

8)

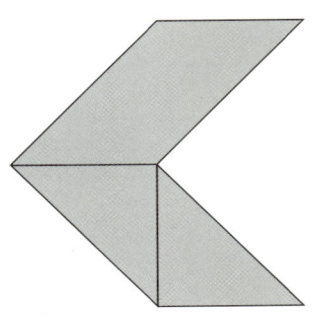

생각연습 70~71쪽

3-1

▶ "우리는 똑같은 조각들로 여러 가지 모양들을 만들 수 있다는 것을 알았습니다. 뿐만 아니라 여러 가지 많은 조각들을 결합하여 똑같은 모양을 만들 수도 있었습니다."

1)

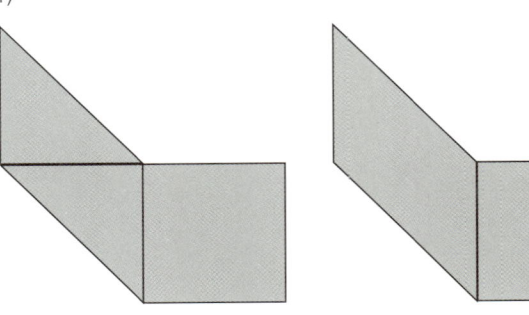

▷ 여러 가지 모양의 조각들을 결합하여 똑같은 모양을 만드는 문제이다. 주어진 도형과 똑같은 도형을 만들려면, 그 모양 옆에서 조각들을 이리저리 맞춰 보며 맞는 것을 찾는다.

2)

▶ "아래에 있는 것과 똑같은 크기와 모양을 가진 다각형을 만드는 방법을 두 가지 찾으세요. 이 다각형을 사다리꼴이라고 합니다."

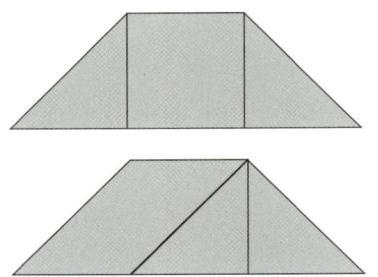

3)
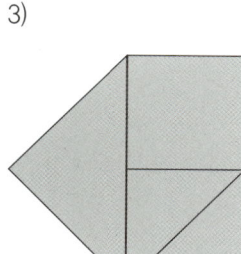

4)
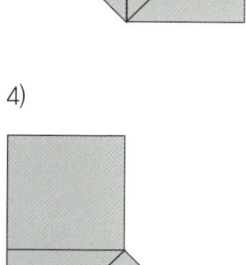

5)
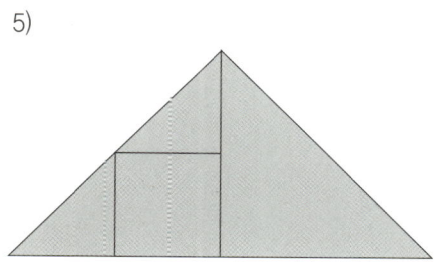

6)
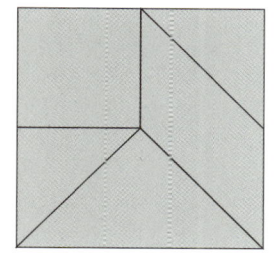

Ⅲ. 그림 퍼즐을 통한 추리

9. 지혜모양판 놀이

지혜모양판을 가지고 좀 더 복잡한 모양을 맞추는 활동을 통하여 시각적 추론 연습을 하게 된다.

첫 번째 생각여행 72~73쪽

1-1

▶ "여기 나오는 지혜모양판 문제는 지난 시간에 다룬 문제보다 훨씬 어렵고 복잡합니다. 하지만 새로운 해결 방법을 배우게 되면 잘 해결할 수 있을 거예요."

"원래 지혜모양판 놀이에서는 7개의 조각들이 모두 사용되어야 합니다. 지난 시간에는 몇 개의 조각만으로 모양을 맞추었지만, 지금부터는 7개 조각을 모두 사용해야 합니다."

▶ "먼저, 모양판을 맞추는 2가지 방법에 대해서 생각해 볼까요?"

(〈방법 1〉 모양을 제대로 만들기 어려울 때는 조각들을 뒤집거나 돌려 본다.)

"이 방법을 적용하면 어떤 이점이 있는지 말해 보세요. (조각들을 이리저리 움직여 볼 때, 새로운 생각이 떠올라 맞는 위치가 어디인지 알게 됩니다.)

그렇습니다. 우리들은 종종 한 방향으로만 생각하려는 경향이 있습니다. 하지만 이 방법을 통해서 우리는 새로운 가능성을 깨닫게 되는 것이지요."

(〈방법 2〉 가장 큰 것을 먼저 놓고, 가장 작은 것을 맨 마지막에 놓는다.)

"이 방법은 새로운 방법입니다. 주어진 문제를 시험적으로 해보면서 〈방법 2〉가 어떤 점에서 쓸모 있는지 알아봅시다."

▶ "큰 삼각형 조각 두 개는 잠시 옆으로 치워 놓으세요. 그리고 사각형 조각이 주어진 모양에서 어떤 곳에 들어갈 수 있을지 생각해 보세요. 그런 식으로 큰 삼각형 두 개를 제외한 나머지 조각들을 짜 맞추어 나가세요."

"작은 조각들을 맞추는 것은 쉽지요? 그러나 두 개의 큰 삼각형이 들어갈 자리를 찾는 것은 어떤가요? 쉽지 않지요? 그러면 이번에는 반대로 큰 삼각형 두 개를 제외한 나머지 조각들을 잠시 옆으로 치워 두세요. 그리고 큰 삼각형 두 개가 들어갈 위치를 찾아보세요. 어디에 놓을 수 있나요? (각각 꺾이는 구석 쪽에 놓았습니다.) 그렇습니다. 그 밖의 다른 곳에는 들어갈 수가 없지요. 일단 큰 조각 둘을 배치하고 나면 다른 조각들이 들어갈 자리에 대한 힌트를 얻게 됩니다. 나머지 조각들을 사이사이에 배치해 보세요."

1)

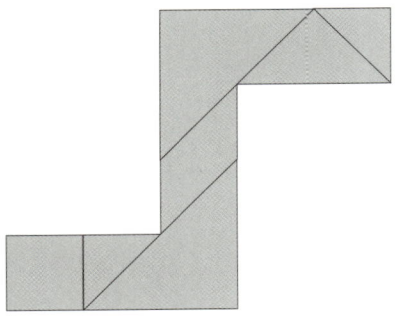

2)

두 번째 생각여행 74쪽

2-1

▷ 먼저 두 개의 큰 삼각형을 아래 모양의 어느 곳에 놓아야 할지 생각해 보게 한다. 가장 작은 삼각형 두 개는 마지막까지 남겨 두라고 말한다.

▶ "이 모양을 만들기 위해서 앞에서 배운 두 가지 방법들을 적용해 보세요. 먼저 두 개의 큰 삼각형을 어디에 놓아야 할지 생각해 보세요. 가장 작은 삼각형 두 개는 마지막까지 남겨 둡니다. 여러분은 지난 시간에 배운 대로 중간 삼각형, 정사각형, 평행사변형 모두 작은 삼각형 두 개로 만들 수 있다는 것을 기억하고 있지요? 이 말은 세 가지 모양이 모두 같은 공간을 차지하고 있다는 것을 의미합니다."

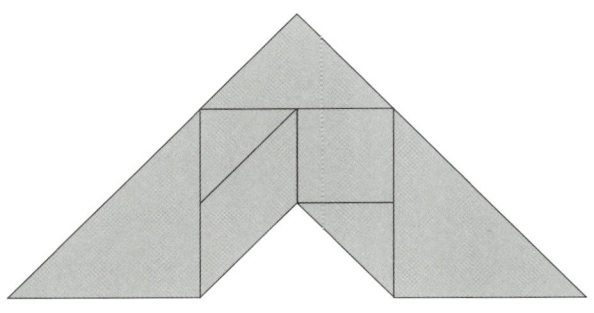

세 번째 생각여행 74~75쪽

3-1

▷ 이 정사각형 만들기는 지혜모양판 만들기 문제 중에서 비교적 어려운 문제에 속한다. 튀어나온 부분이 하나도 없기 때문이다. 그래서 〈방법 2〉로는 해결하기가 힘들다.

▶ "먼저 〈방법 2〉를 적용하여 봅시다. 두 개의 큰 삼각형을 정사각형 속에 배치해 보세요. 정확한 위치를 찾아냈나요? 여러 가지 방법이 있지만, 어떤 것이 맞는지 알기 위해서는 새로운 방법이 필요합니다. 교재 72페이지에 나온 〈방법 3〉을 읽고, 이 방법을 적용해 보세요."

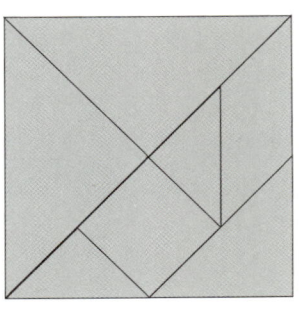

▷ 위와 같은 그림처럼 큰 삼각형을 먼저 배치하고, 비어 있는 자리를 채울 수 없는 조각이 하나라도 남아 있으면 안 된다는 것을 확인한다.

▶ "위의 모양대로 큰 삼각형을 배치해 보세요. 앞에서 적용했던 방법들을 적용할 때 어떻게 되는지 살펴보세요. 조각 하나하나를 놓을 때마다 〈방법 3〉을 잊지 말고 적용하도록 하세요. 어렵다고 포기하지 말고 가능한 모든 방법들을 시도해 보세요."

생각연습 76~77쪽

4-1

1)

2)

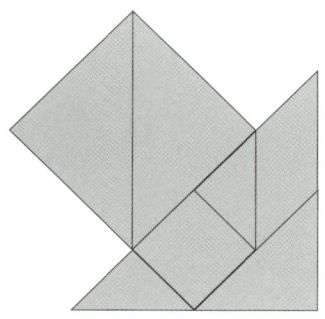

3)

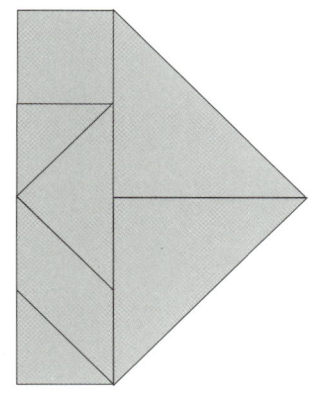

4)

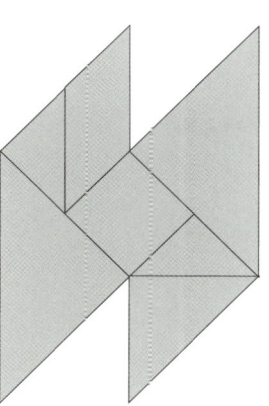

Ⅲ. 그림 퍼즐을 통한 추리

10. 모양 만들기 연습

조각들을 배열하기에 앞서 조각들이 들어갈 자리를 미리 상상해 보는 〈방법 4〉를 적용하는 연습을 하게 된다.

첫 번째 생각여행 78~79쪽

▶ "앞에서 배운 여러 가지 방법들을 적용하여, 지혜모양판 조각들을 가지고 여러 가지 재미있는 모양을 만드는 활동을 하게 됩니다."

1-1

▶ "교재 70페이지와 72페이지에 있는 모양판을 맞추는 방법을 다시 확인하고, 제시된 문제의 모양대로 지혜모양판 조각들을 맞추는 놀이를 해 봅시다.
〈방법 2〉는 어떤 점에서 문제를 해결하는 데 도움이 되었지요? (작은 조각들이 들어갈 자리는 많지만, 큰 조각이 들어갈 자리는 몇 군데 안 되기 때문입니다.)"
"〈방법 3〉은 어떤 점에서 문제를 해결하는 데 도움이 되었

지요? (잘못된 장소에 조각을 놓았는지 아닌지를 알 수 있게 해 주기 때문입니다.)"

1) 몸통에 큰 삼각형 두 개가 들어갈 것이다.
2) 정사각형
3) 머리에는 중간 크기의 삼각형, 다리에는 평행사변형과 작은 삼각형 두 개가 들어간다.

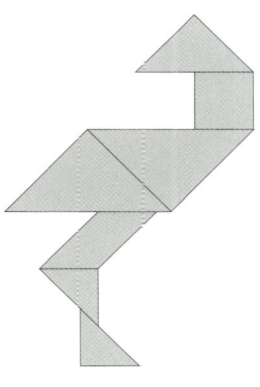

▶ "지금 여러분은 지난 시간에 배운 것과는 다른 방법을 사용하여 문제를 해결하였습니다. 그 방법을 〈방법 4〉라고 합시다. 나머지 문제들도 〈방법 4〉를 잘 활용하여 해결하도록 해 보세요."

두 번째 생각여행 80~82쪽

2-1

▶ "이 그림들은 모양만들기 놀이를 하기 위해서 크기를 좀 작게 줄인 것들입니다. 하지만 이 그림들은 크기만 작을 뿐, 지혜모양판 7조각을 모두 필요로 합니다. 〈방법 4〉는 이런 모양들을 만드는 데 대단히 유용한 방법이지요."

1)

2)

3)

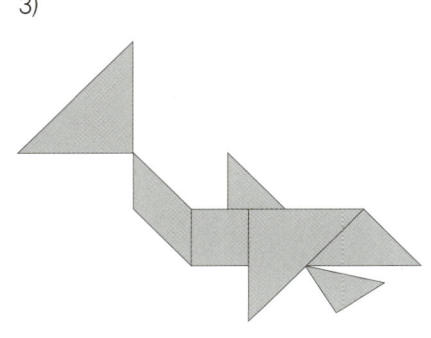

4)

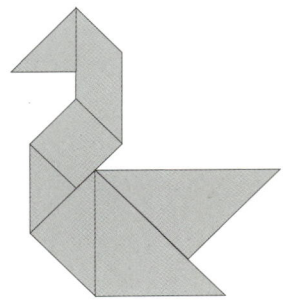

5)

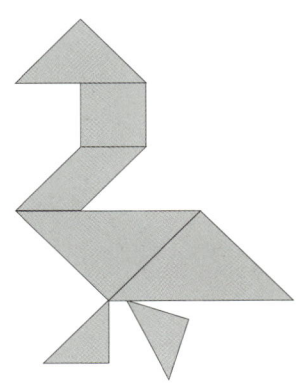

6)

생각연습 83~89쪽

3-1

▶ "언제나 큰 조각을 먼저 맞추고, 조각을 배치하기 전에 다른 조각이 들어갈 곳을 마음속으로 그려 보세요."

1)

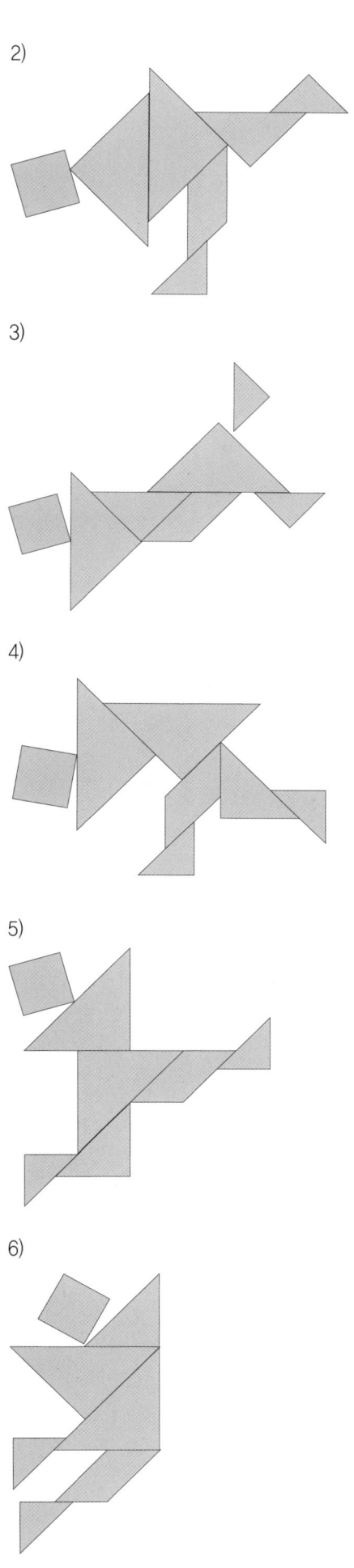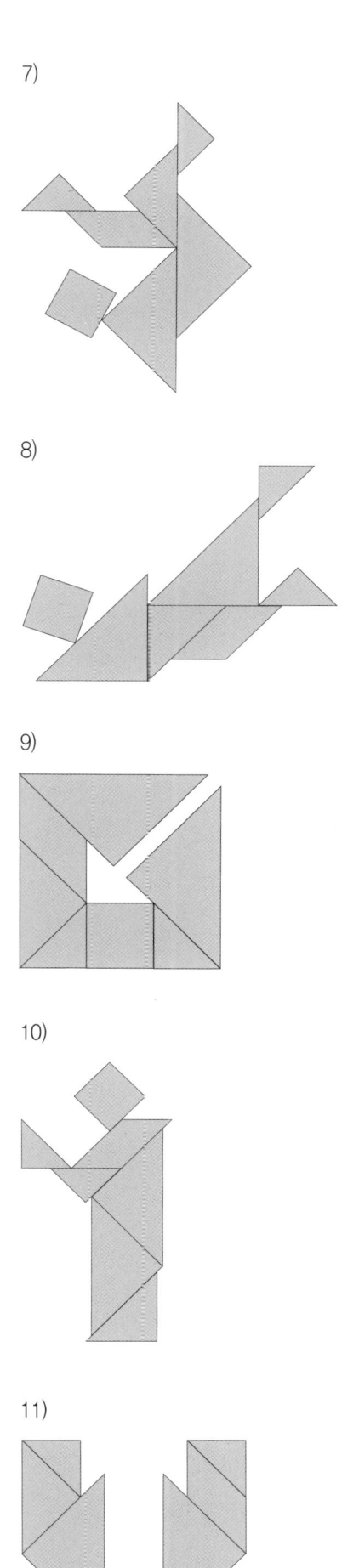

12)

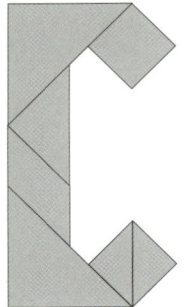

13)

종합연습
92~97쪽

1

1) ① 학용품 ② 지우개, 연필깎이, 자
2) ① 나라 이름 ② 일본, 중국, 태국
3) ① 곤충 ② 나비, 나방, 개미

2

1) ① {큰북, 캐스터네츠, 트라이앵글}
   ② {피아노, 바이올린, 멜로디언, 오르간}
2) ① {축구, 야구, 골프, 핸드볼} ② {레슬링, 권투, 양궁, 수영}
3) ① {텔레비전, 전자렌지, 전기난로}
   ② {롤러스케이트, 주전자, 휴지통}
4) ① {트라이앵글, 삼각자} ② {책, 창문, 카드}
   ③ {동전, 호떡, 접시, 달}
5) ① {개, 햄스터, 이구아나, 고양이}
   ② {펭귄, 표범, 상어}

3

1)

차원	집합 1	집합 2
모양	네모:1, 3, 6, 8, 9, 11, 13, 14	동그라미:2, 4, 5, 7, 10, 12, 15, 16
크기	크다:1, 2, 6, 7, 10, 11, 14, 15	작다:3, 4, 5, 8, 9, 12, 13, 16
색깔	하늘색:1, 2, 5, 7, 9, 13, 14, 16	노란색:3, 4, 6, 8, 10, 11, 15
안 무늬	가로무늬:2, 3, 5, 10, 11, 12, 13, 14	세로무늬:1, 4, 6, 7, 8, 9, 15, 16

2)

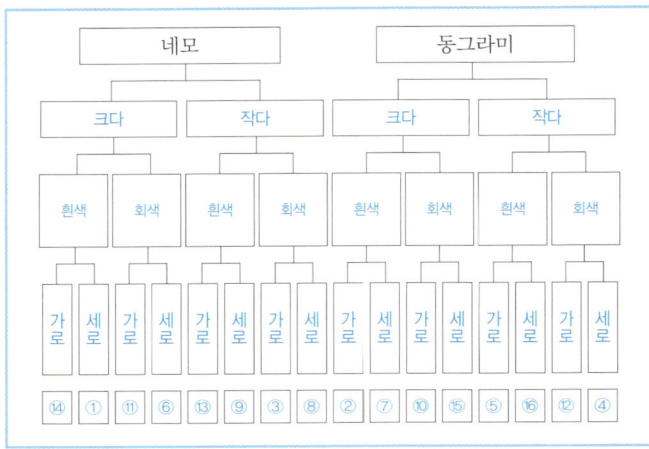

4

1)

1과 16 사이에 있습니까?

    1과 8   9와 16
    사이에?   사이에?

 1과 4   5와 8   9와 12   13과 16
 사이에? 사이에? 사이에? 사이에?

1, 2? 3, 4? 5, 6? 7, 8? 9, 10? 11, 12? 13, 14? 15, 16?

1 2 3 4 5 6 7 8 9 10 11 12 13 14 15 16

2) 4번

5
움직이는 것과 움직이게 해 주는 기관

6
③
▷ 포도는 포도나무의 생산물이고, 달걀은 닭의 생산물이다.

7
②

8
③
▷ 위치는 오른쪽으로 붙고, 개수는 반으로 줄어든다.

9
1)

2)

3)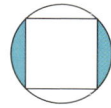

4)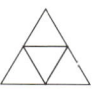

10
1) 8, 뒤에 있는 수는 앞에 있는 수의 반이다.
2) 20, 두 번째 수는 맨 앞에 있는 수의 두 배, 세 번째 수는 두 번째 수의 두 배.

2단계 평가문제
98~107쪽

1
1) ① {쌀, 빵, 김치, 과일}
   ② {점퍼, 치마, 바지, 셔츠}
   ③ {아파트, 기와집, 초가집}
2) ① 먹는 것
   ② 입는 것
   ③ 사는 곳

2
1) ① 동물, {독수리, 붕어, 미꾸라지, 강아지, 고양이, 참새, 잠자리, 고래, 생쥐}
   ② 교통수단, {비행기, 승용차, 자전거, 군함, 잠수함, 헬리콥터, 기차}
2) ① {독수리, 참새, 잠자리}
   ② {강아지, 고양이, 생쥐}
   ③ {붕어, 미꾸라지, 고래}
   ④ {비행기, 헬리콥터}
   ⑤ {승용차, 자전거, 기차}
   ⑥ {군함, 잠수함}

3

차원	〈닭〉의 특징	〈오리〉의 특징
울음소리	꼬꼬댁	꽥꽥
헤엄치기	못한다	잘한다
부리의 모양	뾰족하다	넓적하다

4

차원	〈토마토〉의 특징	〈오이〉의 특징
색깔	빨강	초록
모양	둥글다	길쭉하다
촉감	말랑말랑하다	딱딱하다

5

차원	〈승용차〉의 특징	〈버스〉의 특징
크기	작다	크다
승차 인원	적다	많다
창문	적다	많다

6
③ 새끼 새와 어미 새

7
②

8
③

9
③

10
1) 도형의 방향은 그대로이고, 순서만 바뀜
2) 도형의 순서는 그대로이고, 늘어선 방향만 바뀜
3) 다

11
1)

2)

3)

4)

5)
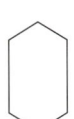

6)

7) 25

12
4번

13
5번

14
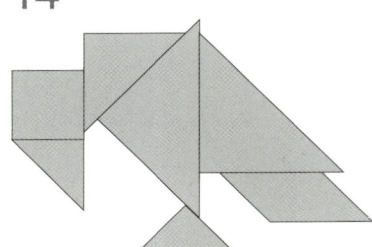

15

16

17
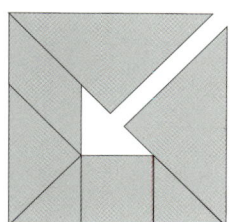

18
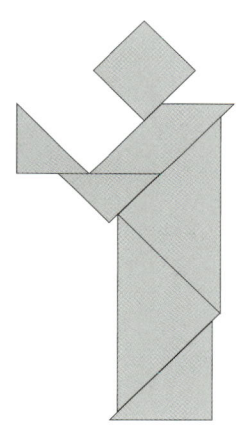

19
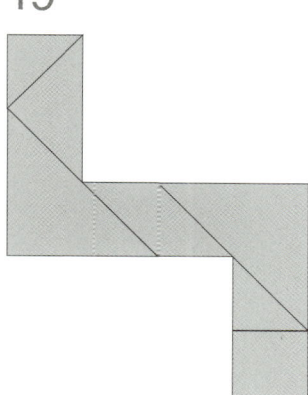

20
1) ① 대형견
   ② 중형견
   ③ 소형견
2) ① 장모종
   ② 단모종
3) ① 애완용견
   ② 목양견
   ③ 수렵견